LE ORME DI DOSSETTI

A cura di Davide Ferrari e Giuseppe Giliberti

intra

$$\pi$$

Collana *Politicamente*

www.intraedizioni.it
edizioni@intra.pro
Tutti i diritti riservati.
Copyright © 2024 Edizioni Intra® – Pesaro, Italy

ISBN 979-12-5991-621-1

INDICE

INTRODUZIONE

L'attuale dibattito politico su una riforma costituzionale di stampo decisionista è il punto di approdo di una critica alla democrazia parlamentare, che procede senza soluzione di continuità almeno dal 1979, cioè dalla "grande riforma" di Craxi[1]. Il tentativo di superare la

---

[1] Cfr. G. ZAGREBELSKY, *Tempi difficili per la Costituzione. Gli smarrimenti dei costituzionalisti*, Laterza, Bari-Roma 2023, pp. 9-14. Si veda anche F.P. CASAVOLA, *Prefazione* a G. DOSSETTI, *I valori della Costituzione (Napoli, 20 maggio 1995)*, Istituto italiano per gli Studi Filosofici, Quaderni del Trentennale, Napoli 2005, p. 8: "Considerare la costituzione del 1948 un ferro vecchio, numerare come per già fondata una fantomatica Seconda Repubblica, passare al metodo elettorale maggioritario senza prevedere garanzie rafforzate per la minoranza in modo da evitare la dittatura della maggioranza, condurre il sedicente federalismo verso due esiti paradossali, di compromissione dell'eguaglianza dei cittadini e quindi dell'unità sostanziale della Repubblica, e di instaurazione di un centralismo regionale a danno dei Comuni, perorare a favore di un presidenzialismo populista, che mortifica il Parlamento e gli organi di garanzia e il potere neutro del Capo dello Stato, in nome di una sovranità popolare manipolata mediaticamente, e interpretata come fondamento di un potere assoluto, sono tutti sintomi di quell'assenza di patriottismo costituzionale che è il male storico degli italiani". Sulla formazione politica di Dossetti, cfr. E. GALAVOTTI, *Il giovane*

democrazia parlamentare va di pari passo con la proposta di un regionalismo differenziato, così radicale da contraddire alcuni dei principi fondamentali della Carta costituzionale, quali l'unità nazionale, l'eguaglianza sostanziale, la tutela della salute. Per comprendere quanto questi progetti incidano sui principi generali della Costituzione vigente, è utile ripercorrere l'iter della loro formazione, concentrando l'attenzione in modo particolare su alcuni aspetti del contributo di uno dei più autorevoli padri costituenti: Giuseppe Dossetti.

I lavori preparatori della Costituzione italiana (entrata in vigore il primo gennaio 1949), come quelli della Dichiarazione Universale dei Diritti dell'Uomo (10 dicembre 1948), e, ben prima, come quelli della costituzione di Weimar, erano frutto di visioni diverse e contrapposte, il che non impedì un consenso operativo, redazionale, e insieme su un piano alto, su una serie di valori fondativi, che si tradussero in principi giuridici[2]. Di

---

Dossetti; S. Fangareggi, *Il Partigiano Dossetti*, Alberti, Reggio Emilia 2004; A. Melloni, *Un discepolo nella storia. Per gli studi su Giuseppe Dossetti*, in *Rivista di Storia della Chiesa in Italia*, 51.2 (1997), pp. 421 ss. Sulla carriera politica, G. Dossetti, *Scritti politici 1943-1951*, Marietti, Genova, 1995; G. Miccoli, *L'esperienza politica (1943-1951)*, in G. Alberigo (cur.), *Giuseppe Dossetti. Prime prospettive e ipotesi di ricerca*, il Mulino, Bologna 1998, pp. 9-39. Una piccola autobiografia di Dossetti si può trovare in un discorso che pronunciò a Bologna nel 1986. Cfr. G. Dossetti, *L'Eterno e la storia. Il discorso dell'Archiginnasio* (a c. di E. Galavotti e F. Mandreoli), EDB, Bologna 2021.

[2] Cfr. A. Verdoodt, *Naissance et signification de la*

questo compromesso – derivato dall'esperienza che tutti i partiti del futuro "arco costituzionale" avevano fatto nel CLN – sono straordinaria testimonianza i lavori preparatori, sia in Assemblea plenaria che nelle Sottocommissioni e nel Comitato di redazione.

Dossetti, che fu membro della I Sottocommissione dell'Assemblea Costituente[3], si segnalò fin dal 21

Déclaration universelle des Droits de l'Homme, Nauwelaerts, Louvain-Paris 1964, pp. 315 ss.

[3] Il Ministro della Costituente, Pietro Nenni, nominò una Commissione per studi inerenti alla riorganizzazione dello Stato, che lavorò dal 1945 al 1946 a elaborare dei progetti preliminari su punti specifici. L'Assemblea Costituente, eletta il 2 giugno 1946 e presieduta da Giuseppe Saragat, deliberò invece l'istituzione della Commissione che avrebbe elaborato la vera e propria bozza della Costituzione (la "Commissione dei 75", tratti dai 556 deputati). La Commissione per la Costituzione elesse Meuccio Ruini, Presidente; Umberto Tupini, Gustavo Ghidini e Umberto Terracini, Vicepresidenti; Tomaso Perassi, Giuseppe Grassi e Francesco Marinaro, Segretari. Decise poi di suddividersi in tre Sottocommissioni: I. Diritti e doveri dei cittadini, Presidente Umberto Tupini, Segretario Giuseppe Grassi; II. Organizzazione costituzionale dello Stato, Presidente Umberto Terracini, Segretario Tomaso Perassi; III. Lineamenti economici e sociali, Presidente Gustavo Ghidini, Segretario Francesco Marinaro. La prima Sottocommissione, presieduta da Tupini (DC), operò fino al 19 dicembre 1946. Si componeva di Dossetti (DC), Iotti (PCI), Basso (PSIUP/PSI), Caristia (DC), Cevolotto (PDL), Corsanego (DC), La Pira (DC), Lucifero (BNL), Mancini (PSI), Marchesi (PCI), Mastrojanni (UQ), Umberto Merlin (DC), Moro (DC), Lombardi (PSI), Togliatti (PCI). Il 29

novembre 1946, con la presentazione di un progetto in undici articoli "Lo Stato come ordinamento giuridico e i suoi rapporti con gli altri ordinamenti"[4], che dette un'impronta definitiva alla costituzionalizzazione dei Patti Lateranensi, ai principi delle relazioni internazionali e in generale all'impianto personalista della Carta costituzionale. Dossetti arrivò a questo appuntamento con la storia provvisto di una solida cultura giuridica e dell'aiuto dei suoi più stretti amici e collaboratori (che per la loro età e preparazione vennero spesso definiti "i

---

novembre, la Commissione dei 75 nominò un "Comitato di redazione" ("Comitato dei 18", presieduto da Ruini), per elaborare una bozza di Costituzione, traendola dai risultati dei lavori delle Sottocommissioni. Il Progetto di Costituzione, con la relazione di Meuccio Ruini, Presidente della Commissione, verrà presentata da Umberto Terracini, eletto Presidente dell'Assemblea Costituente l'8 febbraio 1947. Il 4 marzo 1947, l'Assemblea Costituente in seduta plenaria cominciò a discutere del progetto, fornendo al Comitato di redazione elementi per una revisione della bozza. Il testo definitivo venne approvato a scrutinio segreto il 22 dicembre 1947, con 453 voti favorevoli e 62 contrari. Il 27 dicembre la Costituzione della Repubblica italiana fu promulgata dal Capo provvisorio dello Stato, Enrico De Nicola. Il primo gennaio 1948 entra in vigore. Sui suoi lavori, cfr. V. ATRIPALDI, *Il catalogo delle libertà civili nel dibattito in Assemblea costituente*, Liguori editore, Napoli 1979. Gli Atti della Costituente e delle sue Sottocommissioni sono in http://legislature.camera.it/frameset.asp?content=%2Faltre%5Fsezionism%2F304%2F8964%2Fdocumentotesto%2Easp%3F.

[4] Cfr. G. DOSSETTI, *La ricerca costituente. 1945-1952*, il Mulino, Bologna 1994, pp. 208-211.

professorini"), soprattutto di La Pira e Fanfani.

Le sue attività secolari furono molteplici: studioso, giurista, persona profondamente "impegnata" nelle scelte e nei momenti generali della politica, come la Resistenza, la fondazione dei nuovi partiti (popolari e non ristretti alle élites). Fu vicesegretario della DC, guida della lista democristiana e consigliere comunale di Bologna. Tutto questo fu, però, un aspetto – per lui non il più importante sul piano personale – della sua vita[5]. Sorprendentemente, Dossetti intraprese un secondo percorso, come monaco e punto di riferimento culturale e spirituale del cattolicesimo "conciliare". Tuttavia, dopo un primo ritiro dalla politica, annunciato al Castello di Rossena nel 1951, e un secondo, avvenuto dopo la vicenda delle elezioni comunali di Bologna (cui aveva partecipato nel 1956, per obbedienza al Cardinale Lercaro), il messaggio politico di Dossetti continuò a ispirare un non effimero movimento d'opinione. Le sue radici sono negli anni della formazione universitaria nella *Cattolica* e il suo sviluppo – anche attraverso la rivista Cronache Sociali[6] – si espresse in esperienze come la DC di

---

[5] Cfr. in generale E. GALAVOTTI, *Il giovane Dossetti*, il Mulino, Bologna 2006; P. POMBENI, *Il gruppo dossettiano e la fondazione della democrazia cristiana (1938-1948)*, il Mulino, Bologna 1978.

[6] Cfr. P. POMBENI, *Le Cronache Sociali di Dossetti. Geografia di un movimento di opinione*, Vallecchi, Firenze 1976; A. MELLONI, *Dossetti, un produttore di cultura fra la Resistenza e "Cronache sociali"*, in AA. VV., *Giuseppe Dossetti all'Assemblea Costituente e nella politica italiana*, Camera dei Deputati, Roma 2007, pp. 77-92.

Benigno Zaccagnini, la Rete di Leoluca Orlando, i Cristiano-sociali di Ermanno Gorrieri (confluiti poi nel PDS).

Dopo la rimozione di Lercaro dalla cattedra episcopale di Bologna, nel 1968, e fino al discorso dell'Archiginnasio del 1986, gli interventi pubblici di Dossetti furono limitati e comunque non politici. Ma fu poi lo stesso Dossetti ad operare un nuovo, imprevisto e peculiare ritorno alla politica, perché – spiegò – anche gli antichi monaci che vivevano nel deserto si trovavano talora costretti a tornare in città, in circostanze straordinarie, come l'invasione dei barbari.

Dossetti non riteneva che la Costituzione fosse un testo intangibile, ma si rivelò uno dei più efficaci difensori della sua struttura e dei suoi principi. Rispondendo a un invito del Sindaco di Bologna, Walter Vitali, a partecipare alle celebrazioni del 25 aprile, propose la sollecita e capillare creazione di Comitati per la difesa della Costituzione. Scrisse che essi dovevano sperimentare ogni possibile forma di opposizione non violenta per "impedire a una maggioranza che non ha ricevuto alcun mandato al riguardo di mutare la nostra Costituzione", arrogandosi un compito che solo una nuova Costituente avrebbe potuto proporsi. Un altro passo fu la vibrante polemica contro il federalismo di Gianfranco Miglio e della Lega, in occasione della commemorazione di Giuseppe Lazzati, il 18 maggio 1994[7]. Infine, il 16 settembre di quello stesso anno, nell'Abbazia di Monteveglio,

---

[7] G. DOSSETTI, *"Sentinella, quanto resta della notte?" (Isaia 21,11)*, in *Metronomie*, 11(2004), pp. 1 ss.

insieme con Nilde Iotti, operò una straordinaria "*vindicatio Constitutionis*"[8], che fecondò il terreno su cui poi sarebbe cresciuto l'Ulivo. In quell'occasione spiegò che la nostra Carta si basa su alcuni principi, "ancora del tutto adeguati ai bisogni e ai caratteri della nostra società", cioè l'unità e indivisibilità del popolo italiano e nello stesso tempo il riconoscimento delle autonomie locali; il personalismo, da cui derivano i diritti fondamentali; la tutela costituzionale dei corpi intermedi; la diffusione del potere (più che la semplice separazione dei poteri della tradizione liberale).

Molte circostanze inducono a ritenere che siamo ritornati a una situazione di crisi non meno pericolosa di quella di cui si parlò a Monteveglio. Pensiamo, quindi, che non sia inutile procedere a una rivalutazione complessiva del dialogo tra sinistra e cattolicesimo progressista, impostato all'epoca della Costituente, e del quale Dossetti fu uno dei grandi protagonisti. Una iniziativa, dunque, di riflessione ed insieme di divulgazione, di promozione di una rinnovata conoscenza di temi e personalità che non sono più, da tempo, riproposte da ambiti partitici di storica appartenenza, ormai scomparsi.

Dossetti, in particolare richiede una rivisitazione della sua identità religiosa, della sua opera di giurista e delle motivazioni e della cronaca del suo impegno politico. La fedeltà alla Chiesa di Dossetti, innanzitutto: una Chiesa cattolica concreta, con i suoi pontefici, i suoi

---

[8] Cfr. L. ELIA, *Introduzione* a *Giuseppe Dossetti e Nilde Iotti a Monteveglio. I valori della Costituzione*, Pozzi, Reggio Emilia 1995, p. 3.

vescovi, il suo popolo di fedeli e il suo magistero. Una concretezza che può indurre al ritiro quando i suoi dettami non sembrano incoraggiare o permettere un pensiero, come quello di Dossetti, proiettato ben oltre il conflitto nel quale si vive, come fu durante i lunghi anni di guerra fredda. Ma la fedeltà alla Chiesa vuole essere fedeltà a Cristo, e quindi la prudenza è strumento del coraggio e della testimonianza, in Dossetti, che ci è raccontato e si narra quasi sempre come trascinato negli agoni e nelle prove più drammatiche, ma mai ci risulta assente.

La testimonianza ha bisogno del sostegno del particolare sapere del diritto, opposto all'arbitrio e all'oppressione delle vite materiali e delle coscienze. Attraverso il valore del diritto, dell'*ius* promotore di giustizia, Dossetti arriva a valorizzare la partecipazione politica, che è dovere e non solo libera occasione. La politica è strumento dell'affermazione della persona e, per questo, non deve essere ridotta a strumentale occasione per procacciare potere e denaro. Una politica che, come le istituzioni democratiche, è senza assoluti ma necessaria, e che il cristiano deve conoscere, frequentare, difendere.

La Sinistra italiana ha una lunga storia, spesso gloriosa, certamente plurale, ma, provenendo dalla lotta per il superamento di condizioni di insopportabile sfruttamento e dal rifiuto totale delle guerre di oppressione e conquista, ha abbracciato più volte assoluti e totalità. Via via, affinata dalle repliche degli accadimenti, ha riflettuto sul concetto di "limite della politica", e questa riflessione profonda non è stata certo senza conseguenze. A un crocicchio delle vie della storia il raggiunto relativismo della Sinistra italiana ha incontrato, fino a corposi tentativi di fusione, il pensiero del cattolicesimo democratico più avanzato che, come prima accennato, affermava necessità e non unicità della politica.

Un affiancamento, fino all'unificazione, è stato autorevolmente tentato. Ma è apparso, giustamente o meno, figlio di cancellazioni reciproche di idealità e pensieri prospettici, immiserito nel politicismo delle cose immediate e delle tante gestioni di Governo, talora particolarmente nobili, ma altre volte senza più fiato per dire dei propri scopi, dei propri obiettivi.

Oggi, anche in Italia, delle Destre mutate ma ancora corazzate nel proprio rifiuto delle ragioni dell'altro sfidano le capacità di un'opposizione tutta da ritrovare, che impedisca al "potere" non il legittimo esercizio dell'azione di governo, ma il dominio.

Tornare al confronto delle radici delle culture della libertà e della giusta socialità pare a noi, dunque, fondamentale. E qui, in particolare per sostenere un nuovo momento di una solida fondazione comune con (per meglio dire, nella) Sinistra democratica. Dossetti non può essere ridotto nemmeno a questa "operazione" difficile, imponente, urgente. Tuttavia gli è necessario. Seguirne le tracce, ancora freschissime, non porta certamente ad opposti obiettivi.

Questo volume comprende contributi di studiosi e di attivisti tratti, pur con una certa libertà, da tre giornate di pubblico incontro su Dossetti, la sinistra democratica e l'impegno politico dei cattolici, svoltesi a Bologna nel 2023 alla Fondazione Duemila, nell'ambito del programma culturale LAB[9]. Tentare la via di una sintesi sarebbe arduo e probabilmente irrispettoso del valore autonomo dei singoli contributi qui raccolti. Tuttavia Dossetti parla all'oggi con chiarezza e forza tutt'altro che fraintendibili, e quindi salgono all'evidenza elementi che possiamo, dobbiamo, richiamare.

---

[9] Il 26 marzo 2023, *Impegno politico* (con Alessandro Albergamo, Francesco Domenico Capizzi, don Mattia Ferrari, Federica Mazzoni); il 7 maggio, *Giuseppe Dossetti* (con Francesco Domenico Capizzi e Andrea De Maria); il 31 maggio, *Sulle tracce di Dossetti* (con Alberto Melloni, Laura Renzoni Governatori, Giuseppe Giliberti, Davide Ferrari, Alessandro Albergamo, Graziella Giorgi). Ringraziamo per il contributo all'organizzazione dei convegni e alla pubblicazione di questo volume lo Staff di "LAB – I Dialoghi della Bolognina" (https://www.facebook.com/lab.dialoghi/): Nicola Atzeni, Marilena Mauro, Rolando Rocchetti, Teresa Signati, Lorenzo Spadaro, Serena Zaninetta.

Nota biografica

Giuseppe Dossetti (Genova 1913 – Oliveto di Monteveglio 1996) fu professore di Diritto ecclesiastico all'Università di Modena, vicesegretario della DC, presidente del CLN di Reggio Emilia, membro dell'Assemblea Costituente, deputato e infine sacerdote.

<u>Politico</u>. Dopo la laurea in Giurisprudenza a Bologna, continua gli studi a Milano. Partecipa alla Resistenza a Cavriago e nel 1944 entra nel CLN provinciale di Reggio. Nel 1945 viene eletto nella Consulta Nazionale, in quota CLN. Nel 1945, eletto vicesegretario della DC, si trasferisce a Roma. Collaborano con lui alcuni giovani intellettuali: La Pira, Fanfani, Lazzati, Aldo Moro (i "professorini", con i quali nel 1946 fonderà l'associazione di cultura politica *Civitas Humana*). L'anno seguente fonda la rivista *Cronache Sociali*, punto di riferimento della sinistra democristiana. Dossetti sostiene l'esigenza di un partito non liberista, ma riformatore; repubblicano, e non neutrale nel referendum istituzionale; anticomunista ma contrario all'adesione alla NATO. Entrato in contrasto con De Gasperi, Dossetti rassegna le dimissioni.

<u>Costituente</u>. Eletto all'Assemblea Costituente nel 1946 nel collegio Parma-Modena-Piacenza-Reggio Emilia, fa parte della Commissione dei 75, incaricata di redigere la bozza della Costituzione. Si impegna nella I Sottocommissione, incaricata di lavorare sui diritti e i doveri dei cittadini. Nel 1948 viene eletto deputato. Nel 1950 è di nuovo vicesegretario, ma viene di fatto emarginato, e l'anno seguente annuncia il ritiro dalla vita politica.

<u>Consigliere comunale</u>. Il distacco dalla politica dura fino al 1956, quando viene convinto da Lercaro a presentarsi come capolista alle comunali di Bologna. Viene eletto nel Consiglio comunale, dopo un'aspra campagna elettorale che lo oppone a Giuseppe Dozza. Nel suo programma politico, espresso nel *Libro Bianco su Bologna,* attacca il PCI ma rifiuta ogni alleanza con la destra. L'insuccesso elettorale lo rafforza nella convinzione che i cattolici sono in realtà una minoranza nella società italiana, e che, pur essendo indispensabile il loro impegno in politica, l'esperienza di un partito confessionale è ormai superata. Si dimette dal Consiglio Comunale nel 1958.

<u>Sacerdote</u>. Nel 1952 crea il Centro di Documentazione di Bologna, divenuto in seguito Fondazione per le Scienze Religiose. Collabora con il cardinale Lercaro e nel 1959 viene ordinato sacerdote. Fonda a Monteveglio una comunità religiosa: la Piccola Famiglia dell'An-

nunziata. Da Lercaro viene coinvolto nell'organizzazione del Concilio Vaticano II. Successivamente diventa provicario della diocesi di Bologna, finché Lercaro viene rimosso dalla cattedra vescovile nel 1968, dopo un discorso contro i bombardamenti americani nel Vietnam. Nel 1972 Dossetti si trasferisce in Palestina, a Gerico, ma non perde il rapporto con la comunità bolognese, in particolare con le case di Oliveto e di Montesole della sua comunità.

<u>Difensore della Costituzione</u>. La vittoria di Berlusconi (10 maggio 1994) fa temere una radicale revisione della Costituzione. Accogliendo un invito del sindaco di Bologna Walter Vitali a partecipare alla ricorrenza del 25 aprile, Dossetti lancia l'idea della creazione di Comitati per la difesa della Costituzione. Il 16 settembre, nell'Abbazia di Monteveglio, ha luogo una riunione organizzativa dei Comitati. La sera si svolge una tavola rotonda sui valori della Costituzione, con Giuseppe Dossetti e Nilde Iotti, che richiama in gran numero politici e intellettuali progressisti, cattolici e non. È la premessa etico-politica su cui si fonderà l'esperienza dell'Ulivo.

Gli autori

Alessandro Albergamo, esperto di welfare, servizi sociali e terzo settore, è responsabile dell'area sociale di Antoniano onlus. È autore di *L'eco dei portici* (2022).

Pietro Maria Alemagna, architetto, ex presidente dell'Istituto Nazionale di Urbanistica Emilia-Romagna, è progettista di numerosi interventi in particolare di edilizia sociale. Già docente universitario ad Algeri e allo IUAV di Venezia, è uno studioso di storia delle trasformazioni urbane di Bologna.

Davide Ferrari, poeta e scrittore, è direttore artistico della rassegna culturale "Casa dei pensieri". È stato consigliere provinciale e consigliere comunale di Bologna.

Enrico Galavotti è professore di Storia del Cristianesimo all'Università di Chieti-Pescara e direttore dell'Archivio FSCIRE. È autore di *Il giovane Dossetti*, (2006) e *Il professorino* (2013).

Giuseppe Giliberti, già ordinario di Fondamenti del Diritto europeo all'Università di Urbino, è autore di *Servi della terra* (1999) e *Introduzione storica ai diritti umani* (2012). Dirige *LAB Politiche e Culture*.

Laura Renzoni Governatori, già professoressa di Diritto ecclesiastico dell'Università di Bologna, è stata consigliera regionale dell'Emilia-Romagna. È autrice di *La separazione tra Stato e chiese in Francia* (1977).

DOSSETTI GIURISTA
di Laura Renzoni Governatori

1. Parlare in breve di Dossetti giurista è temerario, perché è stato un grandissimo giurista. Comunque, provo a evidenziare i tratti salienti del suo temperamento giuridico, della sua grande sapienza e conoscenza del diritto.

Si laurea a Bologna nel 1934, in Giurisprudenza, discutendo una tesi sulla violenza come una delle cause di nullità del matrimonio canonico. L'aveva chiesta ad Arturo Carlo Jemolo, professore di grande fascino. Ma Jemolo era stato trasferito a Roma, e quindi discute la sua tesi con Cesare Magni, un giurista molto bravo, ma freddo e formale. Dossetti si laurea con lode. Molti anni dopo, in un articolo, Jemolo scrive che, avendo incontrato Cesare Magni, questi gli dice di avere discusso con Dossetti una tesi e che si tratta di un giovane di straordinarie capacità, con una cultura giuridica superiore a quella di un normale laureando.

Dopo la laurea, Dossetti ritiene che sia importante consolidare la sua preparazione giuridica, uscendo dai confini limitati di Bologna, per avvicinarsi invece all'Università Cattolica di Milano, dove s'iscrive, per perfezionarsi in Diritto Romano, ad un corso tenuto da un grande romanista: Biondo Biondi. Questa è anche l'occasione per prendere contatti con padre Gemelli, rettore molto autoritario, molto discutibile per le sue idee, molto vicino al partito fascista. Ma essendo, tra l'altro, intelligentissimo, Gemelli intuisce immediatamente quali siano le doti intellettuali di questo giovane pervenuto all'Università Cattolica per perfezionarsi e, quindi, si attiva perché possa ottenere un incarico di assistente alla cattedra di Diritto canonico, tenuta in quel momento da Vincenzo Del Giudice, ottimo canonista, ma soprattutto ottimo ecclesiasticista. Migliaia di studenti si sono formati, negli anni '50 e '60, sul suo manuale di Diritto ecclesiastico.

A tal proposito, apro una brevissima parentesi, per chiarire che differenza c'è tra Diritto canonico e Diritto ecclesiastico. Sono due discipline differenti: l'Ecclesiastico è il ramo del Diritto pubblico che si occupa della disciplina giuridica dei rapporti fra Stato e confessioni religiose, e comunque della disciplina giuridica del fenomeno religioso, che è sempre un fenomeno rilevante giuridicamente e socialmente, sia per la garanzia della libertà religiosa e di culto, sia per tutte le libertà che, in qualche modo, si riconducono al libero esercizio di una professione di fede. Il Canonico, invece, è il diritto interno della Chiesa, che essa si dà per organizzare la propria vita e l'attività dei fedeli, disciplinando fenomeni come il matrimonio, con norme che sono contenute prevalentemente nel *Codex Iuris Canonici*. Attualmente, è in vigore, con successive modificazioni, un Codice emanato nel 1983, che ne modificava uno approvato nel 1917: quindi anche il Diritto canonico è in continua evoluzione.

Però, il Diritto Canonico non è costituito soltanto da norme contenute nel *Codex*, ma anche da altre fonti del diritto, quali sono i decreti conciliari, i "motu proprio", le bolle pontificie, eccetera. Il Diritto canonico si divide in diritto divino e diritto umano. Chiudo immediatamente la parentesi, ma voglio dire che normalmente in un regime come quello italiano, concordatario, la rilevanza accordata dallo Stato al fenomeno religioso e agli istituti canonistici implicherebbe che lo studioso del Diritto ecclesiastico studiasse anche il Canonico e ne avesse un'ottima conoscenza. Così chi intraprende studi ecclesiasticisti ha un percorso di formazione anche canonistico e viceversa. Ebbene, Dossetti diventa assistente volontario ed è, dunque, impegnato nella sua attività didattica di assistenza agli studenti, di buon funzionamento della Biblioteca Universitaria, e tenuto d'occhio da padre Gemelli, che era molto attento alla vita interna dell'Università Cattolica.

Intanto, ovviamente, continua la sua produzione giuridica: in una delle sue prime opere vi sono, appunto, profili di Diritto Canonico ed Ecclesiastico. In questo lavoro, "*Le persone giuridiche ecclesiastiche, nel nuovo libro primo del Codice civile*", del 1939, si indaga accuratamente la condizione degli enti pubblici nel diritto della Chiesa e il riconoscimento della personalità giuridica anche nell'ordinamento civile. Poi ancora, un'altra opera di Diritto canonico molto interessante è quella sul concetto giuridico dello "*status religiosus*" in Sant'Ambrogio, in cui comincia a delinearsi con molta chiarezza quello che sarà chiamato poi il "metodo Dossetti", cioè uno stile di ricerca assolutamente peculiare, perché c'è un ritorno alle fonti anche più antiche del Diritto canonico, una ricerca storica accurata e con un intento che va al di là dei risultati puramente accademici.

C'è dietro un intento di rinnovamento del diritto della Chiesa, uno spirito di riforma, che animerà tutta l'attività scientifica del giurista Giuseppe Dossetti. Opera successiva, del '42, è quella che riguarda il processo canonico, quello in cui abbiamo profili di novità, perché mentre fino a questo punto nella dottrina canonistica si accentua la peculiarità dell'ordinamento canonico rispetto a quello statuale e agli altri ordinamenti giuridici, Dossetti, invece, ritrova elementi di osmosi con le finalità del Diritto canonico e delle sue fonti, tra le quali si annovera anche il Diritto divino. Indubbiamente le finalità che i due ordinamenti perseguono sono le stesse: la regolamentazione dei rapporti intersoggettivi, l'organizzazione degli enti ecclesiastici. Soprattutto per quello che riguarda il Diritto processuale, le finalità che perseguono i due ordinamenti sono identiche: il risparmio dei mezzi di prova e la loro utilizzazione in modo razionale e, soprattutto, la celerità del processo.

Intanto, padre Gemelli stimola Dossetti a produrre finalmente una monografia, che gli consenta di avere la libera docenza e di partecipare a un concorso a cattedra. Si attiva molto padre Gemelli per questo suo nuovo collaboratore, assistente e ricercatore nell'Università Cattolica del Sacro Cuore. Si attiva, perché spera che sia messo a concorso un posto di assistente ordinario, che Dossetti vince, nonostante ci fosse una commissione composta da docenti storici del diritto ecclesiastico e canonico come Forchielli, Jemolo e via di seguito. La commissione dà un giudizio veramente straordinario, mettendo in luce le qualità eccezionali di questo giovane, che fa una prova scritta eccellente. Ma nella prova orale dimostra di avere una conoscenza del Diritto ecclesiastico e del Canonico di gran lunga superiore a quella che normalmente si richiede in concorsi di questo tipo.

Intanto, alla Cattolica, Dossetti comincia la sua attività di formazione politica. Nelle riunioni di casa Padovani, è insieme a Lazzati e La Pira, ma nello stesso tempo è sempre stimolato, anche in modo abbastanza rude, qualche volta, da padre Gemelli, a finire la monografia su cui sta lavorando. Nel 1942 esce un'edizione provvisoria del suo lavoro monografico sulla violenza nel matrimonio in Diritto canonico. Con questa edizione provvisoria del libro partecipa alla libera docenza, e la ottiene in Diritto ecclesiastico e canonico. Questo gli consente di diventare professore di Diritto canonico e di Diritto ecclesiastico all'Università di Modena.

La cattedra comprende due insegnamenti, ma poi l'Università di Camerino mette a concorso una cattedra di Diritto canonico e a quel punto (siamo nel 1943), Dossetti presenta finalmente l'edizione definitiva di questa importantissima monografia, di 600 pagine, che non è una semplice rielaborazione della sua tesi di laurea, ma molto di più: è un grande trattato sulla violenza, con l'adozione del suo rigoroso metodo di ricerca. Ritornare alle fonti anche più lontane e, nello stesso tempo, fare la comparazione dei vari temi con gli ordinamenti civili, statuali, e poi accedere alla più vasta bibliografia possibile sul tema, discuterla, compararla e naturalmente arrivare a conclusioni che sono molto innovative. Questo volume è – dicevo – molto di più che un mero titolo concorsuale: è un testo su cui si misurano gli studiosi del Diritto canonico. Dossetti dice di essere molto contento dei risultati a cui è arrivato, perché pensa che questi siano profondamente innovativi e consentano una rivalutazione o una valutazione diversa non solo della violenza come elemento di nullità matrimoniale, ma dell'intero istituto del matrimonio. Quando noi abbiamo cominciato a studiare il Diritto canonico, negli anni '50, come giovani ricercatori, i maestri ci dicevano di studiare il volume di Dossetti sulla violenza e di adottarne il metodo. Questo metodo, però, era profondamente difficile da adottare e imitare perché, quando si andava a leggere un libro così intenso, complesso e articolato ci si rendeva conto che ci voleva l'intelligenza superiore di Dossetti, e poi ti rendevi conto che dietro a quel lavoro c'era una quantità di conoscenze bibliche e storiche, una pratica frequente della ricognizione delle fonti, una fedeltà assoluta alla Chiesa unita all'intento di un rinnovamento del Diritto canonico. Poi, c'era qualcosa di più, che sfuggiva, forse un progetto di vita. Quindi, noi abbiamo studiato molto, ma non siamo mai riusciti a imitare una ricerca così lucida e complessa. I lavori di diritto canonico su Dossetti sono stati pubblicati nel 1998, a cura di Margiotta Broglio, con un'edizione del Mulino, dal titolo *"Grandezza e miseria del diritto della Chiesa"*.

2. Molto brevemente, questo è il Dossetti canonista. Ma c'è anche un Dossetti ecclesiasticista, che viene ricordato soprattutto per l'art. 7 della Costituzione italiana. Dossetti entra a far parte della Commissione dei 75, incaricato di elaborare un progetto di Costituzione. Nella Commissione dei 75, Dossetti assume un ruolo innanzitutto attivo e organizzativo, perché non solo era un grande ricercatore, un grande teorico, veramente capace di elaborazioni lucidissime sotto il profilo scientifico, ma aveva anche uno spirito pratico. Pertanto, entrato a far parte di questa Commissione, comincia a organizzarne i lavori, propone di suddividerla in tre Sottocommissioni

e ha ben chiaro come doveva essere questa Costituzione e a che cosa dovesse mirare. Dossetti era intimamente convinto che, dopo le macerie della guerra, fosse importante ricostruire la società dotandola di valori forti, di uno spirito cristiano.

Venendo all'art. 7, Dossetti incontra notevoli difficoltà, perché in seno alla Commissione c'erano i comunisti, il Partito d'Azione, i democristiani, che erano la maggioranza, il Partito del Lavoro. Per i democristiani, con Dossetti c'erano Moro e La Pira. Per il Partito del Lavoro c'era il deputato Cevolotto, che era l'oppositore di Dossetti, ma non certo un giurista di valore. Nella Commissione c'era anche il laico Calamandrei, grande avvocato, grande giurista, grande professore di Diritto processuale. Le sue posizioni erano totalmente diverse da quelle di Dossetti, il quale, naturalmente, aveva rapporti molto intensi con la Santa Sede, verso cui aveva assunto l'impegno che i Patti Lateranensi fossero richiamati nell'art. 7 della Costituzione che, al primo comma, recita così: "Lo Stato e la Chiesa cattolica sono, ciascuno nel proprio ordine, indipendenti e sovrani", ma al secondo precisa che "I loro rapporti sono regolati dai Patti Lateranensi. Il terzo afferma poi che "Le modificazioni dei Patti accettate dalle due parti non richiedono un procedimento di revisione costituzionale". All'interno della Commissione, c'era una certa ostilità, da parte dei partiti laici, al richiamo esplicito ai Patti Lateranensi, perché erano stati stipulati nel 1929 e portavano la firma del cardinale Gasparri per la Santa Sede, e quella di Mussolini per lo Stato italiano. I Patti Lateranensi chiudevano la questione romana e portavano ad una cosiddetta conciliazione fra le parti. Erano patti che, cinicamente,

Mussolini aveva voluto stipulare soprattutto al fine di consolidare il suo prestigio e la sua credibilità in campo internazionale.

Dossetti, naturalmente, qui mette in campo tutta la sua capacità di persuasione. È effettivamente molto difficile convincere i partiti laici, in particolare il Partito di Azione, Calamandrei, l'onorevole Cevolotto e tutti quelli che non erano democristiani. Si poteva senz'altro affermare che continuava a vigere un principio di relazioni fra Stato e Chiesa di tipo concordatario, però non sulla base dei Patti Lateranensi, perché naturalmente essi rimandavano ad un confessionalismo di Stato. Quindi, stava a Dossetti convincere che sarebbero potuti rientrare nella Costituzione, perché in realtà non imprimevano un'impronta confessionale, cosa in realtà molto difficile da dimostrare. Dossetti, nella sua bellissima relazione in Parlamento, in risposta soprattutto a quella di Calamandrei, sostiene il carattere originario e sovrano degli ordinamenti giuridici di Stato e Chiesa, che si pongono sullo stesso piano. Calamandrei obietta che è pleonastico: è come dire che la Francia è un ordinamento giuridico originario e sovrano: ma non c'è bisogno di scriverlo nella Costituzione. Dossetti ribatte alle critiche alle sue posizioni, in un modo che prova quanto la sua preparazione vada ben oltre il Diritto canonico e quello ecclesiastico. L'ordinamento della Chiesa, che è storicamente precedente a quello italiano, è sempre stato considerato di natura giuridica. È sovrano e si pone su una posizione analoga a quella dello Stato italiano. Ma il vero problema è quello dei Patti Lateranensi, molto più difficile, perché nel primo articolo del trattato c'è scritto che quella cattolica è la religione dello Stato, concetto poi chiaramente ripreso da molte norme del Concordato. L'art. 5, che imponeva di escludere dai pubblici uffici il prete apostata o colpito da censure ecclesiastiche, in contrasto con l'art. 3 della Costituzione, che impone la non discriminazione per cause di religione. Poi, la riserva di giurisdizione sulla materia matrimoniale, la rilevanza civile del matrimonio religioso, trascritto nei registri dello stato civile, l'insegnamento obbligatorio della religione cattolica nelle scuole pubbliche. Qui il discorso di Dossetti diventa molto più complicato: egli cerca di deconfessionalizzare il discorso, in qualche modo, affermando che lo Stato non è confessionale. Dire che il Cattolicesimo è la religione dello Stato significa affermare sul piano storico-sociale l'orientamento della maggioranza degli Italiani; che l'art. 5 non è incompatibile con la Costituzione.

3. La riserva di giurisdizione molte volte gli Stati la fanno a favore di altri Stati. Però, in realtà, lo stesso Dossetti intervistato da Leopoldo Elia e Pietro Scoppola molti anni dopo, riconoscerà che effettivamente quello era stato un discorso di parte, di cui non era molto convinto. Troppo intelligente per essere convinto. Lo stesso discorso di deconfessionalizzazione lo fa perché ancora la Santa Sede faceva pressioni fortissime, affinché accanto al riconoscimento della famiglia come società naturale fondata sul matrimonio si affermasse anche l'indissolubilità del vincolo coniugale. In Commissione, Dossetti cerca di convincere tutti che, in fondo, l'indissolubilità del matrimonio non è un problema cattolico, ma un modo di affermare la grande dignità dell'istituto di questo istituto e riconoscere la grande funzione della

famiglia nella vita sociale. Per convincere i suoi colleghi deputati, deve fare loro una grande lezione di Diritto ecclesiastico, perché vogliono sapere che differenza c'è tra il matrimonio annullabile e quello nullo. È bravissimo a raccontare e spiegare tutto, con autorevolezza, con calma, avendo la fiducia di tutti. E potrei continuare.

Non posso non finire se non ricordando un altro grande saggio, che è un'altra grande prova della sapienza giuridica di Dossetti: la sua relazione al terzo Congresso nazionale dei giuristi cattolici del 1951. Ad ascoltarlo c'è il Gotha della cultura giuridica italiana, da Mortati a Santoro Passarelli. Il tema era l'ordinamento giuridico dello Stato e la crisi dell'ordinamento giuridico. Dossetti fa una relazione esemplare, di una logica e di una lucidità incredibili e, nello stesso tempo, propone anche soluzioni alla crisi dello Stato. L'ordinamento giuridico statuale deve acquisire finalità nuove: perseguire il bene comune e, per mezzo dello Stato, tutelare la persona umana. La persona non è l'individuo, perché è situata all'interno di quelle società intermedie fra cittadini e lo Stato che sono soprattutto la famiglia, e poi le comunità territoriali e le confessioni religiose. Dossetti afferma ancora una volta che la funzione dell'ordinamento giuridico è il riconoscimento dei diritti della persona e delle società intermedie. Infatti questi diritti, essendo naturali, sono connaturati alla persona e alla società in cui la persona vive.

Per finire, vi voglio fare partecipi di un bellissimo ricordo di Dossetti canonista. All'inizio degli anni '70, io ero assistente ordinaria all'Università degli Studi di Macerata, alla cattedra di Diritto Ecclesiastico e Canonico. In quel periodo, si stava discutendo molto, in dottrina, dell'opportunità di introdurre una *Lex fundamentalis*, che doveva essere una specie di Carta costituzionale della Chiesa, per dare attuazione giuridica ai princìpi conciliari. Si era tenuto un Concilio, in cui circolava una bozza, ma intorno all'opportunità o alla necessità di questa legge fondamentale per la Chiesa, sul modello delle Carte costituzionali degli Stati liberaldemocratici, non c'era una grande condivisione in dottrina. C'era chi riteneva che fosse importante fissare una carta fondamentale dei princìpi salienti del Concilio, soprattutto quelli relativi alla collegialità ecclesiale e ai diritti dei fedeli. C'era, invece, chi diceva, come il nostro indimenticabile professor Giuseppe Alberigo, che questa legge sarebbe stata assolutamente impossibile da fare, perché la complessità dei princìpi conciliari non poteva essere riassunta in una fredda norma giuridica. Allora, a Macerata pensarono di organizzare un bel convegno su questo tema e, quindi, diedero l'adesione come relatori professori delle Università di Napoli, di Roma, della Cattolica. Ma si pensò che nessuno meglio di Dossetti avrebbe potuto fare una relazione a questo convegno, per il suo prestigio di canonista, per essere stato collega di tutti quei professori che venivano al convegno, per la sua partecipazione al Concilio Vaticano Secondo e infine, soprattutto, per aver partecipato anche alla creazione della Carta costituzionale italiana. Mi incaricarono di andare da Dossetti, il quale, in quel periodo, non era a Monteveglio, ma con la sua comunità si era trasferito temporaneamente in una casa di campagna, nel 1971, in località San Gabriele. Lasciai la macchina sulla strada e andai su per un sentiero, in una giornata di primavera, fra i campi. Dossetti mi accolse con molta gentilezza: era una persona un po' rigida, ma gentile nella sostanza. Io gli raccontai la ragione per cui avevo chiesto un incontro con lui, il nostro progetto di convegno e lo invitai a partecipare. Dossetti mi disse: "Lo farei molto volentieri, mi piacerebbe molto, ma abbandonare l'insegnamento universitario è stata per me una scelta difficile, ma definitiva e, quindi, non posso fare eccezioni". Allora, lo pregai egualmente di fare un'eccezione, ma mi disse: "Non insistere, perché se facessi un'eccezione per te dovrei farla anche per gli altri e, invece, ora ho oneri e doveri monastici". Allora, non insistetti oltre, lo salutai e mi riavviai per questo sentiero. Mentre scendevo per questo sentiero, mi sentii chiamare, mi girai (eravamo un po' lontani ormai) e Dossetti mi gridò: "Io non vengo, ma se lo facessi verrei per urlare che questa legge non si deve fare". Io me ne andai, ma non ho mai dimenticato questo ammonimento accorato, severo del professor Dossetti ai suoi colleghi professori di Diritto canonico.

OPERE CITATE

V. DEL GIUDICE, *Manuale di Diritto ecclesiastico*, Giuffrè, Milano 1964.

G. DOSSETTI, *Le persone giuridiche ecclesiastiche, nel nuovo libro primo del Codice civile* (1939), in ID., *Grandezza e miseria del diritto della Chiesa* (cur. F. Margiotta Broglio), il Mulino, Bologna, 1996, pp. 8 ss.

- *Il concetto giuridico dello "status religiosus" in Sant'Ambrogio*, in *Sant'Ambrogio nel XVI centenario della nascita* (cur. A. Gemelli), Vita e Pensiero, Milano 1940, pp. 431 ss.

- *La violenza nel matrimonio in diritto canonico*, Vita e Pensiero, Milano, 1943.

- *Funzioni e ordinamento dello Stato moderno*, in *Iusti*tia (1952), pp. 242-265.

- *A colloquio con Dossetti e Lazzati. Intervista di Leopoldo Elia e Pietro Scoppola*, Il Mulino, Bologna 2003.

DOSSETTI E LA COSTITUZIONE PERSONALISTA

di Giuseppe Giliberti

Una Repubblica personalista

Il discorso tenuto da Dossetti a Monteveglio, cui mi trovai ad assistere il 16 settembre del 1994, fu l'inizio del percorso politico che avrebbe portato di lì a poco alla creazione dell'Ulivo. L'esigenza di difendere la Costituzione si tradusse in un'alleanza elettorale, e infine nella confluenza tra diverse correnti di pensiero riformista – essenzialmente una di matrice cattolica e l'altra di origine comunista – a lungo schierate su fronti opposti. Per me, di sinistra ma estraneo alla tradizione del PCI, quegli eventi di cui compresi solo poco per volta la portata storica furono una sorpresa. Non avrei mai immaginato che un giorno il monaco Dossetti, già vicesegretario della DC ed avversario di Giuseppe Dozza alle comunali di Bologna del 1956, sarebbe diventato per i DS di Veltroni una delle figure ispiratrici della sinistra italiana, insieme con Gramsci, Moro e Martin Luther King.

Certo, esistevano le premesse valoriali e politiche di un dialogo tra una parte della cultura politica cattolica e la maggioranza di quella comunista: lo dimostrano i lavori preparatori della Costituzione, i vari tentativi di unità sindacale, la vicenda travagliata del compromesso storico. Ma la Costituzione materiale, basata sul bipolarismo e la *conventio ad excludendum* nei confronti del PCI, impediva di oltrepassare il confine, almeno fino alla caduta del Muro (1989). Questo evento traumatico, ma soprattutto liberatorio, ebbe in Italia l'effetto di provocare una radicale crisi del sistema dei partiti: in primo luogo del PSI, percepito come forza irrimediabilmente corrotta e clientelare. Anacronistico era ormai il partito di raccolta dei cattolici, sostanzialmente conservatore, ma comprendente al suo interno di tutto, da una destra autoritaria e persino golpista, a una sinistra sostanzialmente socialdemocratica. Mani Pulite (1992) dimostrò definitivamente quanto fosse superato il sistema partitocratico filo-americano, che ruotava intorno al partito-Stato democristiano. Distrutta dagli scandali, la DC si tramutò nel Partito Popolare, si scisse e infine si sciolse nel 1993. Ma anche il PCI, investito dal fallimento della strategia del compromesso storico e ancor di più dal crollo dell'URSS, dovette mutare pelle varie volte, per non scomparire. Con la svolta della Bolognina (12 novembre 1989)[10], il partito nato come PCd'I per "fare come in Russia", e ricostituito col nome di PCI per percorrere la "via italiana e democratica al socialismo", ammise infine di essere arrivato al capolinea[11].

Il ricordo del discorso di Monteveglio mi spinge a fissare alcuni appunti sul pensiero di Dossetti politico e

---

[10] Cfr. in generale A. OCCHETTO, *Il crollo del muro e la svolta della Bolognina*, Sellerio, Palermo, 2019.

[11] Cfr. in generale E. MACALUSO, *Al capolinea. Controstoria del Partito Democratico*, Feltrinelli, Milano, 2007.

giurista, che contribuì a rendere la Costituzione una lingua comune, se non degli Italiani, almeno dei democratici. In una fase in cui la destra estrema sta tentando di tagliare una per una le radici della Costituzione (l'antifascismo, il solidarismo, la tutela del lavoro, la protezione dei diritti umani…), la costruzione di una moderna sinistra democratica non può prescindere da un'attenta riflessione sulle culture riformiste che dettero vita alla Costituente, e in particolare sulle esperienze politiche del PCI e dei cattolici progressisti che (all'interno e all'esterno della DC) si ispirarono a Dossetti.

L'influenza diretta di Giuseppe Dossetti sulla politica italiana si colloca, in realtà, in un arco di tempo molto limitato: sostanzialmente dall'elezione a vicesegretario della DC nel 1945, al primo ritiro dalla scena politica, con le riunioni del castello di Rossena nel 1951. Ma la sua idea di una possibile alternativa progressista di matrice cristiana[12], ben presto soffocata in nome della *Realpolitik* capitalista e filo-occidentale continuò ad ispirare personalità politiche e intellettuali come Lazzati, Moro

---

[12] In una lettera a Piccioni del 1948, nella quale accettava a certe condizioni la candidatura, Dossetti scrisse: "La mia scelta è fatta: dopo le elezioni, nessuna esigenza di difesa cristiana mi farà tradire il cristianesimo e il suo compito storico nel nostro tempo, né mi farà schierare tra gli ultimi difensori cattolici dell'ordine. Cioè di un ordine per me perento ed ingiusto, se si accomodasse – sia pure sotto lo scudo della giustizia sociale cristiana – a un regime politico eretto contro i lavoratori – sia pur deviati e travolti da ideologie e metodi di ispirazione anticristiana", in G. DOSSETTI, *Scritti politici (1943-1951)*, Marietti, Bologna, 1995, p. 196.

e Prodi, sindacalisti come Giulio Pastore, e più tardi Labor e Carniti. In vari momenti si richiamarono a lui organizzazioni di massa come la CISL, le ACLI, la FUCI ed esponenti delle varie correnti della "sinistra DC", come il primo Fanfani. Naturalmente, la sua figura carismatica continuò ad attirare le antipatie dei conservatori (Baget Bozzo arrivò ad indicarlo come la vera fonte di legittimazione morale della sinistra), che lo tacciarono di integralismo, e soprattutto non gli perdonarono il riformismo e l'antifascismo. Da questo punto di vista, il mito del dossettismo – l'utopistico "laburismo cristiano", che si spinse ad ipotizzare persino la creazione di un secondo partito cattolico[13] – può essere paragonato a quello del laicissimo Partito d'Azione: un "fiume carsico", che riemerge di continuo e nelle forme più inaspettate[14]. Le ragioni di queste forze intermedie, né filo-capitaliste né filo-sovietiche, destinate alla sconfitta dalla guerra fredda, continuarono ad orientare culturalmente una parte dei ceti medi riflessivi del nostro Paese, fino alla loro

---

[13] Cfr. V. SABA, *Quella specie di laburismo cristiano. Dossetti, Pastore, Romani e l'alternativa a De Gasperi. 1946-1951*, Edizioni Lavoro, Roma, 1996; A. MELLONI, *Dossetti e l'indicibile. Il quaderno scomparso di "Cronache sociali": i cattolici per un nuovo partito a sinistra della DC (1948)*, Donzelli, Roma, 2013; G. Bianchi, *Il laburismo dei cattolici*, Eremo e Metropoli, Sesto S. Giovanni, 2015.

[14] Cfr. G. BAGET BOZZO, *Costituzione e politica*, in G. BAGET BOZZO, P.P. SALERI, *Giuseppe Dossetti. La Costituzione come ideologia politica*, Ares, Milano, 2009, pp. 19 ss.; e per altro verso, G. DE LUNA, *Il partito della Resistenza. Storia del Partito d'Azione 1942-1947*, UTET, Milano, 2021.

confluenza con il riformismo di matrice post-comunista.

L'impronta di Dossetti, di Giuseppe Lazzati e dei "professorini" (La Pira, Fanfani, Moro) è ben visibile nei lavori preparatori della Carta. Un altro importante contributo di parte cattolica sarebbe venuto da Costantino Mortati, nell'elaborazione della seconda parte della Costituzione, riguardante l'ordinamento della Repubblica. Dossetti si identificò nello spirito della Costituzione, al punto da ritenere – molto più tardi – che gli si adattasse il concetto di "patriottismo costituzionale"[15].

I principali partiti rappresentati all'Assemblea Costituente riconoscevano la necessità di operare una rottura con il precedente regime. C'era una diffusa convinzione che un fallimento del tentativo di dare vita a una Costituzione che fosse in grado di cancellare il fascismo, ma anche di sostituire lo Statuto Albertino, avrebbe avuto conseguenze catastrofiche. Pochi mettevano in discussione che occorresse adottare i meccanismi fondamentali del costituzionalismo liberale (Stato di diritto, rappresentatività delle istituzioni, divisione dei poteri, elettività delle assemblee legislative, funzionalità complessiva dell'ordinamento alla difesa dei diritti).

Era chiaro che il nuovo Stato, che nasceva sulle rovine di quello fascista, doveva darsi dei limiti rigorosi: essere articolato in poteri in equilibrio tra loro, decentrato sul piano amministrativo, rispettoso del pluralismo economico e sociale. Ma la nostra Costituzione non avrebbe semplicemente ripreso in forma repubblicana i principi

---

[15] Cfr. G. BIANCHI, P. TROTTA, *La rimozione di Dossetti*, Eremo e metropoli, Sesto S. Giovanni, 2015, pp. 25-27.

dello Stato liberale pre-fascista.

La Costituente, e poi la Costituzione stessa, diventarono un programma comune, per una breve ma decisiva stagione della politica italiana. Nessuna componente della sinistra perseguì un'idea giacobina delle istituzioni. Tutte concordarono con i cattolici sulla tutela dei diritti fondamentali, sulla politica delle autonomie, sull'esigenza di una democrazia sostanziale. Venne creato un Ministero per la Costituente, furono studiate e comparate le Costituzioni di vari paesi (a partire dall'URSS), ma sostanzialmente si partì senza alcuno schema prestabilito. Avrebbe invece assunto una caratteristica che l'accomuna alla Legge Fondamentale tedesca del maggio 1949[16] e altri documenti dello stesso periodo, come la Dichiarazione Universale dei Diritti Umani del 1948: il principio personalista, che collega la libertà alla dignità e alla solidarietà. Questa fu la missione della quale si sentì investito Dossetti durante i lavori dell'Assemblea Costituente. Lo statista cattolico aveva chiaro il concetto che la democrazia avrebbe rappresentato la possibilità del riscatto della nazione, e forse anche della Chiesa, a patto che salvaguardasse i diritti della persona e delle comunità.

---

[16] Si veda l'art. 1 [Protezione della dignità umana]: "(1) La dignità dell'uomo è intangibile. È dovere di ogni potere statale rispettarla e proteggerla. (2) Il popolo tedesco riconosce gli inviolabili e inalienabili diritti dell'uomo come fondamento di ogni comunità umana, della pace e della giustizia nel mondo. (3) I seguenti diritti fondamentali vincolano la legislazione, il potere esecutivo e la giurisdizione come diritti direttamente applicabili".

La componente democristiana della Costituente non aveva dubbi: lo Stato doveva necessariamente fondarsi su dei principi etico-politici (ad esempio, la solidarietà o la pace), ma questi valori non erano creati dai decisori politici, e quindi non potevano essere modificati a loro arbitrio. Si ritenevano preesistenti all'ordinamento. Lo Stato secolarizzato si reggeva, cioè, su presupposti etico-politici che esso stesso non era in grado di creare e giustificare[17]. Ma se lo Stato moderno, come spesso dichiarò Dossetti, non ha una finalità (un rimprovero, questo, già mosso all'Impero Romano dai Padri della Chiesa), da dove derivavano i valori che si volevano introdurre nella Costituzione? Di fatto, questo ragionamento poneva – per i cattolici integralisti– la Chiesa nella posizione di fonte suprema dell'etica pubblica italiana.

La Costituzione italiana è tecnicamente 'lunga', nel senso che la descrizione dell'ordinamento istituzionale (parte II, art. 55-139) è preceduta da ben 54 articoli contenenti i principi fondamentali (1-12), i diritti e doveri dei cittadini, i rapporti etico-sociali, quelli economici e quelli politici. Questa prima parte, che venne discussa dall'Assemblea Costituente il 26 marzo 1947, fin dall'inizio fu la più sgradita ai reazionari e ai conservatori, compresa buona parte della DC di De Gasperi. In essa è sintetizzato lo "spirito della Costituzione", cioè il suo fondamento giuridico e la sua legittimazione etico-

---

[17] È la nota formula di E.-W. BÖCKENFÖRDE, *La formazione dello Stato come processo di secolarizzazione* (1967), Morcelliana, Brescia, 2006, p. 68.

politica, risalente alla lotta di liberazione[18]. Dossetti era antitotalitario: arrivò persino a proporre un diritto-dovere alla resistenza contro il potere tirannico[19], come nell'art. 21 della Costituzione francese del 1946.

Dichiarò di avere delle riserve su una "connessione troppo stretta, o comunque parziale, che si suole stabilire – specialmente da varie parti politiche, e talvolta in sensi opposti – tra il testo costituzionale e la Resistenza armata del Nord"[20]. Tuttavia si rendeva conto che la Costituzione non poteva essere solo 'afascista'. L'antifascismo fu una costante nel suo pensiero politico, che avrebbe persino voluto mantenere in vita i CLN, se non altro come strumenti di mobilitazione democratica[21]. Dossetti era anticomunista, ma anche ben deciso a non fare di questo tema l'occasione per aprire le porte alla reazione. Una posizione coerentemente antifascista sarà anche

---

[18] Cfr. G. DOSSETTI, *Fine del tripartito?*, in *Cronache Sociali*, 15 giugno 1947, pp. 1-2; M. D'ANTONIO, *La Costituzione di carta*, Mondadori, Milano, 1978, pp. 40-43.

[19] Art. 3 della "Proposta" di Dossetti. Cfr. U. MAZZONE, *Il diritto/dovere alla resistenza nella proposta di Giuseppe Dossetti alla Costituente*, in A. DE BENEDICTIS, V. MARCHETTI (cur.), *Resistenza e diritto di resistenza. Memoria come cultura*, CLUEB, Bologna, 2000, pp. 45-76.

[20] G. DOSSETTI, *Parla don Giuseppe Dossetti*, in L. Elia (cur.), *Giuseppe Dossetti e Nilde Iotti a Monteveglio. I valori della Costituzione*, Pozzi, Reggio E., 1995, p. 21.

[21] Cfr. A. MELLONI, *Democrazia rudimentale, democrazia genuina. Un articolo dimenticato di Giuseppe Dossetti e il I° congresso del Comitato di liberazione nazionale dell'Alta Italia al Lirico di Milano*, in *Contemporanea*, 2 (2007), pp. 275-290.

rivendicata nel 1994 a Monteveglio, al momento della creazione dei Comitati per la difesa della Costituzione.

Il testo della Carta venne approvato dall'Assemblea Costituente il 22 dicembre 1947 e promulgato il 27 dicembre, entrando in vigore il primo gennaio del 1948. Esso identifica la Repubblica come una comunità politica, i cui membri non sono legati soltanto dalle regole dell'ordinamento giuridico e da interessi puramente materiali, ma da valori comuni e da un'attiva solidarietà[22]. Dopo la caduta del fascismo, la fuga del re, l'occupazione tedesca, quella degli Alleati, occorreva letteralmente ricostruire uno Stato che si era dissolto, ponendo dei nuovi valori etico-politici a suo fondamento. Assumendo una categoria di Rawls, potremmo dire che i valori che animano la Costituzione (libertà, democrazia, diritti umani, pace, solidarietà…) non hanno niente a che vedere con uno Stato etico, ma esprimono una

---

[22] Si vedano anche le amare considerazioni di G. DOSSETTI, *Funzioni e ordinamento dello Stato moderno (12 novembre 1951)*, in *Quaderni di Iustitia*, 2 (1953), pp. 16-39, relazione al terzo convegno dell'Unione Giuristi Cattolici Italiani del 1951. Un'edizione riveduta a cura di Enzo Balboni e a suo tempo approvata dallo stesso Dossetti è *"Non abbiate paura dello Stato!". Funzioni e ordinamento dello Stato moderno. La relazione del 1951. Testo e contesto*, Vita e Pensiero, Milano, 2014. Cfr. anche E. BALBONI, *"Non abbiate paura dello Stato": la grande lezione dossettiana su funzioni e ordinamento dello Stato moderno*, in AA. VV., *Giuseppe Dossetti all'Assemblea Costituente e nella politica italiana*, Camera dei Deputati, Roma, 2007, pp. 47-76.

"concezione parzialmente comprensiva del bene"[23], limitata cioè ad alcuni aspetti della vita sociale. I costituenti li tradussero in principi giuridici, che hanno un valore normativo, non semplicemente ideale o pedagogico. Uno di questi, che può essere considerato il valore etico-politico e insieme il principio giuridico fondativo (*Grundnorm*) di tutto l'ordinamento italiano, è il riconoscimento del primato della dignità umana. Troviamo questa 'clausola generale' del diritto negli articoli 3, 36 e 41 della nostra Costituzione. La dignità occuperà poi tutto il Titolo I della Carta europea dei diritti fondamentali (2000)[24].

In diversi articoli, a partire dai primi tre, c'è un'enfasi particolare sui valori, sui doveri reciproci (art. 2), sulle virtù civili, sul primato della persona. Tutto questo dà un'idea di come l'ordinamento costituzionale fin dall'inizio si basò su una concezione che non era liberal-conservatrice. Certo, il liberalismo non è necessaria-

---

[23] Cfr. J. RAWLS, *Giustizia come equità: è politica, non metafisica* (1985), in *Saggi. Dalla giustizia come equità al liberalismo politico*, 1999, Comunità, Torino, 2001, p. 183. Il tema della differenza tra la concezione liberale e quella cattolica delle libertà civili era già stato approfondito dalla DC nel primo congresso, che si era tenuto nell'aprile 1946. Cfr. UFFICIO DOCUMENTAZIONE-SPES (cur.), *I Consigli nazionali della D.C.*, Milano, 1959, pp. 29 ss.

[24] F. BARTOLOMEI, *La dignità umana come concetto e valore costituzionale*, Giappichelli, Torino, 1987, pp. 13 ss.; F. POCAR, *Dignità-giustizia*, in L.S. Rossi (cur.), *Carta dei diritti fondamentali e Costituzione dell'Unione Europea*, Giuffrè, Milano, 2002, pp. 83 ss.

mente relativista in tema di valori, fautore dello Stato minimo e sprovvisto di una teoria del bene pubblico. La tradizione liberale, spesso in aspro contrasto con la Chiesa, muoveva anch'essa dall'idea della dignità dell'individuo, dalla quale faceva derivare quella dei diritti fondamentali, attribuiti teoricamente a tutti gli esseri umani in quanto persone[25]. Ma, secondo i cattolici democratici, le libertà classiche della tradizione liberale avevano senso solo se finalizzate al "perfezionamento integrale della persona umana, in armonia con le esigenze della solidarietà sociale", allo sviluppo delle istituzioni democratiche e alla partecipazione politica. Questa proposta (cioè il principio della finalizzazione delle libertà al bene comune), presentata il primo ottobre da La Pira, e alla quale aveva aderito anche Lelio Basso, non passò, anche a causa dell'ostruzionismo del presidente democristiano Umberto Tupini[26], ma obiettivamente prova un comune sentire con la sinistra. Togliatti non avanzò alcuna obiezione di principio, rilevando che anche nella Costituzione sovietica la libertà era finalizzata (in quel caso, allo sviluppo della società socialista), e che sulla dialettica

---

[25] Cfr. L. FERRAJOLI, *Diritti fondamentali. Un dibattito teorico*, Laterza, Roma-Bari, 2001, p. 5; G. GILIBERTI, *Introduzione storica ai diritti umani*, Giappichelli, Torino, 2012, pp. 22 ss. In una prospettiva laica, i diritti fondamentali (quelli dei cittadini e quelli umani) sono tali perché riconosciuti da norme fondamentali, cioè di rango costituzionale. Cfr. G. PINO, *Diritti e interpretazione. il ragionamento giuridico nello Stato costituzionale*, il Mulino, Bologna, 2010, p. 49.

[26] Cfr. G. DOSSETTI, *La ricerca costituente.1945-1952*, il Mulino, Bologna, 1994, pp. 134-137.

tra libertà individuale e responsabilità sociale terreno era possibile un accordo pragmatico tra comunisti e democristiani. La libertà dell'individuo, inteso come "uomo situato" e persona, non poteva essere esente da limiti e responsabilità sociali. Di conseguenza, la Carta avrebbe attribuito allo Stato un ruolo attivo nel campo economico e sociale. Su questo, la sinistra e i cattolici democratici (sia conservatori che progressisti), partendo da forme molto diverse di solidarismo, potevano trovare una certa sintonia.

Per i costituenti, la nuova Repubblica non doveva essere semplicemente la guardiana della proprietà privata, dell'ordine pubblico e del libero mercato. Un principio fondamentale del nostro ordinamento costituzionale è il suo carattere personalista e un altro è la difesa dei diritti umani. Essi si combinano nella formulazione dell'art. 2: "La Repubblica riconosce e garantisce i diritti inviolabili dell'uomo, sia come singolo, sia nelle formazioni sociali ove si svolge la sua personalità, e richiede l'adempimento dei doveri inderogabili di solidarietà politica, economica e sociale". Se la Repubblica riconosce i diritti, vuol dire – secondo una logica allora come adesso molto contestata – che essi preesistono, essendo naturali, o comunque inerenti alla natura umana. E secondo Dossetti, la tutela di tali diritti doveva riferirsi non solo a quelli "che hanno raggiunto un consolidamento giuridico, pieno e completo"[27], ma anche – almeno in quanto principi – a

---

[27] Cfr. G. DOSSETTI, *La ricerca costituente*, cit., pp. 181-183. Nei dibattiti all'Assemblea Costituente ripetutamente venne richiamato, ad esempio da La Pira, il modello della

quelli che non erano ancora pienamente giustiziabili. Non è quindi un caso se i "Principi fondamentali" non sono compresi in un preambolo, che spieghi come e perché sia stata emanata la Costituzione, ma trovano invece posto nei primi dodici articoli, la cui natura pienamente giuridica non dovrebbe oggi suscitare più dubbi[28].

Costituzione sovietica, che per ogni diritto prevedeva l'esplicita menzione dei modi con cui se ne doveva ottenere la concreta realizzazione.

[28] Sull'odierna lettura neo-costituzionalista del diritto, cfr. G. ZAGREBELSKY, *Tempi difficili per la Costituzione. Gli smarrimenti dei costituzionalisti*, Laterza, Bari-Roma, 2023, p. 18: "Il diritto è solo legge positiva, cioè potere rivestito della forma legislativa (ordinaria o costituzionale, non importa), oppure il diritto è sintesi di legge e qualcosa che legge, nel senso anzidetto, non è. È la questione della doppia anima del diritto che emerge dalla superficie quando si parla delle costituzioni (ad esempio, in quella tedesca e in quella spagnola) di "legge" e "diritto" come due realtà distinte, anche se destinate a fondersi. Da noi non troviamo una simile traccia testuale della questione nella nostra Carta, ma si tratta di una questione che va al di là delle formule esplicite, derivando dalla stessa natura dello Stato costituzionale o, almeno, dalle concezioni che ne abbiamo". Dubbi sull'opportunità di proclamare valori e principi nella Carta furono espressi non solo da politici e giuristi di impronta conservatrice (come Vittorio Emanuele Orlando, presidente della Costituente), ma anche da azionisti come Piero Calamandrei. Questi dubbi sulla giuridicità dei principi costituzionali trovarono riscontro nella giurisprudenza di merito, che ebbe una certa difficoltà, fino agli anni '80, a riconoscere che erano norme vere e proprie. Cfr. F. COCOZZA, *Diritto comune delle libertà in Europa*,

Dossetti si aspettava che lo Stato fosse garante dei diritti, sia quelli delle persone, che quelli delle comunità nelle quali la società italiana era strutturata. La persona, come vedremo, non era l'astratto 'soggetto' delle costituzioni liberali, l'individuo ipoteticamente isolato e autosufficiente (che in realtà, come denunciava Marx nella *Questione ebraica*, era la maschera dietro la quale si celava l'imprenditore). Era, invece, l'essere umano inserito nel contesto delle relazioni sociali, che dipende necessariamente dagli altri, e fin dalla nascita è membro di varie comunità[29].

Il 2 giugno 1946 Dossetti fece il suo ingresso nell'Assemblea Costituente[30]. In un'epoca ben diversa, don Giuseppe ricorderà: "Ma certo di quella fase della mia vita (tra il 1945 e il 1952) mi si è particolarmente impresso il ricordo della Costituente, soprattutto del lavoro

---

Giappichelli, Torino, 1984, pp. 53 ss.

[29] TOMMASO D'AQUINO, *Summa theol.*, I-II, 21, 4, ad 3: "*Persona non comparatur ad communitatem politicam secundum se totum et secundum omnia sua*". Cfr. L. GRASSI, *Jacques Maritain*, ECP, S. Domenico di Fiesole, 1993, pp. 55-104.

[30] L'Assemblea, composta da 556 membri e presieduta da Giuseppe Saragat, dette vita a una Commissione di 75, presieduta dal demolaburista Meuccio Ruini. I 75 si divisero in tre Sottocommissioni, incaricate di redigere ciascuna una parte della bozza: I) Diritti e doveri dei cittadini, presieduta dal democristiano Umberto Tupini; II) Ordinamento costituzionale della Repubblica, presieduta dal comunista Umberto Terracini, poi divenuto presidente della Costituente; III) Diritti e doveri economico-sociali, presieduta dal socialista Gaspare Ambrosini.

svolto per oltre un anno nella prima sottocommissione nella quale mi soccorse, quasi tutti i giorni, la collaborazione costruttiva con l'intelligenza acuta e pensosa di Aldo Moro e il confronto con Lelio Basso e soprattutto con Palmiro Togliatti che – pur nella netta diversità della concezione generale antropologica e quindi politica – molto mi arricchì con la sua vasta esperienza storica e con la sua passione per un rinnovamento reale del Paese rispetto alla situazione prefascista sia pure ammodernata"[31].

Come si vede, uno dei principi su cui si basa l'intera architettura costituzionale è tratto dall'ideologia personalista, di cui Dossetti fu il più influente e persuasivo sostenitore nell'Assemblea Costituente, e soprattutto nella I Sottocommissione. Le idee di Dossetti statista erano profondamente influenzate dal personalismo comunitario di Emmanuel Mounier e di Jacques Maritain[32], che costituiva una risposta, spirituale e politica,

---

[31] G. DOSSETTI, *Amore di Dio, coscienza della storia*, RCS, Milano, 2011, p. 18.

[32] Persona è il termine che originariamente indicava la maschera usata dall'attore del teatro antico. Riprendendo la diffusa metafora della vita come rappresentazione teatrale, gli Stoici ne fecero un concetto filosofico: l'essere umano che, messo dal destino sulla scena del mondo, si trova a dovere recitare i più diversi ruoli sociali. In seguito l'adottarono i giuristi romani, intendendo riferirsi all'essere umano che ha dei rapporti economici e sociali, senza distinzione tra liberi e schiavi. Fu ripreso infine dal Cristianesimo, che considerò la persona come un ente spirituale, razionale e libero. In questo senso, il Cristianesimo, come le altre religioni del ceppo di

sia ai totalitarismi del Novecento che all'individualismo liberale[33]. In particolare, Mounier e il gruppo riunito intorno alla rivista *Esprit* avevano diffuso un progetto di *Déclaration des droits des personnes et des communautés*, pubblicato in Italia su *Il Ponte* nel 1945. Affondava le sue radici nella tradizione cristiana, ma era una posizione che potremmo definire modernista, nel senso che accettava il progresso sociale, la democrazia e i diritti umani, senza nostalgie per l'antica alleanza fra trono e altare[34]. Furono tematiche poi sviluppate in Italia nel *Codice di Camaldoli*, del 1943, pubblicato nel 1945, considerato – almeno idealmente, se non per effettiva diffusione e impatto – il documento fondativo dell'impegno politico

---

Abramo, è personalista. perché si basa su un rapporto dialogico tra la persona umana e quella divina. Questa somiglianza con Dio fa sì che tutti gli esseri umani siano dotati di un'intrinseca dignità. Cfr. in generale A. RIGOBELLO, *Il personalismo*, Città Nuova, Roma, 1975.

[33] Cfr. E. MOUNIER, *Rivoluzione personalista e comunitaria* (1935), Comunità, Roma-Ivrea, 2022; J. MARITAIN, *Umanesimo integrale* (1936), Borla, Roma, 1969; G. CAMPANINI, *Personalismo e democrazia*, EDB, Bologna, 1987, pp. 29-84. Sull'eco di queste posizioni nelle successive vicende del pensiero sociale cattolico, cfr. G. CAMPANINI, *Fede e politica, 1948-1951. La vicenda ideologica della sinistra DC*[2], Morcelliana, Brescia, 1977.

[34] La necessità di mettersi alle spalle il Medioevo fu ripresa in Italia, fra gli altri, da L. STURZO, *Chiesa e Stato, Studio sociologico-storico* (1937), Zanichelli, Bologna, 1958; e G. LA PIRA, *La nostra vocazione sociale* (1944), AVE, Roma, 2004. Cfr. G. CAMPANINI, *Personalismo e democrazia*, cit., pp. 151-186.

dei cattolici democratici. Si trattava di una riflessione collettiva del Gruppo dei Laureati Cattolici sul bene comune, la dignità della persona, l'eguaglianza sostanziale, la solidarietà, la pianificazione economica[35]. Riprendeva il *Radiomessaggio* del Natale 1941 di Pio XII, esprimendo un pensiero assai diverso da quello dei Cattolici Comunisti di Rodano e Balbo (poi Sinistra Cattolica), condannati dalla gerarchia[36]. Ma i cattolici popolari più tradizionalisti, come don Sturzo, ebbero difficoltà a riconoscersi in questa linea. Il documento, ispirato da G. B. Montini, il futuro Paolo VI, e composto essenzialmente da Sergio Paronetto, con Pasquale Saraceno ed Ezio Vanoni, costituiva una netta presa di distanza dall'idea dello Stato minimo di matrice liberale, in nome dell'eguaglianza e dell'aiuto fraterno. Era vicina alle teorie dell'ordoliberalismo, che si diffondevano negli anni '30 in Germania), più che al keynesismo. Secondo Paronetto, un giovane e brillante funzionario dell'IRI e collaboratore di Saraceno, l'intervento dello Stato era ormai essenziale. Il futuro era rappresentato dall'economia sociale di mercato propugnata dall'IRI, che si stava rivelando un'esperienza molto più solida e moderna delle istituzioni corporative fasciste, che non avevano nulla da offrire alla gestione razionale di imprese moderne[37]. Lo Stato doveva sostenere l'impresa privata, ma anche

---

[35] Cfr. M. DAU, *Il Codice di Camaldoli*, Castelvecchi, Roma, 2015; A.A. PERSICO, *Il Codice di Camaldoli. La DC e la ricerca della terza via tra Stato e mercato (1943-1993)*, Angelo Guerini e Associati, Milano, 2014, pp. 115-182.

[36] Cfr. A.A. PERSICO, *op. cit.*, pp. 101-104.

[37] Cfr. A.A. PERSICO, *op. cit.*, pp. 11-26.

orientarla, dandosi obiettivi macroeconomici e sociali come la piena occupazione e lo sviluppo industriale del Mezzogiorno. Quindi, la Chiesa avrebbe fatto bene a superare sia il liberismo conservatore che il corporativismo e sostenere nuove forme di economia sociale di mercato, ovvero, di "liberalismo personalista".

Il Codice richiedeva che lo Stato non si limitasse a non interferire nella sfera di libertà dell'individuo, ma che si occupasse attivamente della giustizia sociale (art. 11). In una logica strettamente personalista, le istituzioni politiche dovevano favorire l'autonomia delle persone e dei gruppi sociali. I diritti umani – sia degli individui che delle comunità intermedie – non erano fondati dallo Stato, ma era tuttavia indispensabile che esso li "riconoscesse"[38]. Infine, la tradizionale dottrina sociale della Chiesa doveva associarsi a una nuova e radicale scelta democratica (articoli 13-18). Dossetti aveva avuto modo di dibattere di questi temi a Milano, nelle riunioni che si svolgevano nel 1941 in casa del Prof. Umberto Mantovani[39].

---

[38] Cfr. ICAS, *Per la comunità cristiana. Principi dell'ordinamento sociale*, Studium, Roma, 2016 (e-book). Il testo riprendeva il "Codice di Malines" sulla dottrina sociale cattolica, pubblicato dall'Unione Internazionale di studi sociali nel 1927 e aggiornato nel 1933. Cfr. F. PERGOLESI (cur.), *Codice sociale. Schema di una sintesi sociale cattolica della Unione Internazionale di Studi Sociali (Malines)*, Sansoni, Firenze, 1946. Questi enunciati rieccheggiano soprattutto negli articoli 2 e 3 della Costituzione.

[39] Cfr. P. POMBENI, *Giuseppe Dossetti nella politica italiana*, in AA. VV., *Giuseppe Dossetti all'Assemblea Costituente*,

La scelta valoriale in favore della democrazia personalista venne esposta nell'ordine del giorno che Dossetti presentò alla I Sottocommissione, sul tema dei rapporti civili (9 settembre 1946). Difendendo l'impostazione data da La Pira[40] contro le obiezioni dei laici, affermò che la Costituzione avrebbe dovuto riconoscere "la precedenza sostanziale della persona umana (intesa nella completezza dei suoi valori e dei suoi bisogni non solo materiali ma anche spirituali) rispetto allo Stato e la destinazione di questo al servizio di quella". Se l'essere umano precede assiologicamente lo Stato, i diritti fondamentali non gli possono essere "attribuiti" ma solo "riconosciuti". Si respingeva, quindi, sia l'ipotesi di un testo individualista e conservatore, sia una "visione totalitaria", che fondasse i diritti su una elargizione da parte dello Stato. I diritti, insieme con il personalismo (una forma di umanesimo di matrice cattolica, che venne sostanzialmente fatta propria anche dalle altre forze politiche)[41] e l'antifascismo, erano componenti essenziali della "base ideologica comune" su cui edificare la Costituzione. Nel dibattito sulla relazione di La Pira nella seduta del 9 settembre, Palmiro Togliatti commentò che "fra lui e Dossetti c'è differenza nel definire la persona umana, ma non nell'indicare lo sviluppo ampio e libero di questa come fine della democrazia"[42].

---

cit., pp. 47-76.

[40] Cfr. G. LA PIRA, *La casa comune. una costituzione per l'uomo*, Cultura, Firenze, 1979.

[41] Cfr. L. ELIA, *Dossetti alla Costituente*, in AA. VV., *Giuseppe Dossetti all'Assemblea Costituente*, cit., pp. 30-32.

[42] Cfr. V. ATRIPALDI, *Il catalogo delle libertà civili nel dibattito in assemblea costituente*, Liguori, Napoli, 1979, p. 174.

Tra uomini di dottrina in buona fede, un accordo è possibile.

Uno Stato sussidiario

Nella relazione del 1951 ad un convegno di giuristi cattolici, riprendendo Maritain, Dossetti attribuì allo Stato moderno cinque caratteristiche: 1) è privo di finalità, a parte l'autoconservazione; 2) disconosce la libertà delle società intermedie, come la famiglia, la categoria professionale, la comunità religiosa, e quindi limita la libertà dell'individuo; 3) riconosce la proprietà e l'impresa, ma si caratterizza come strumento del capitalismo; 4) non ha un ruolo di mediazione sociale, ma invece esercita il suo potere a vantaggio dei ricchi; 5) rifugge dalla trasparenza e dalla responsabilità (oggi diremmo *accountability*)[43]. Pur muovendo da presupposti lontanissimi, la critica dossettiana allo Stato liberale come "comitato d'affari" dei capitalisti si avvicinava sotto alcuni aspetti a quella della sinistra, ma restava ancorata alla prospettiva interclassista del Codice di Malines.

Il 21 novembre 1946, Dossetti presentò alla I Sottocommissione una proposta sullo "Stato e gli altri ordinamenti", in undici articoli[44]. Nel documento si dichiarava

---

Sul pensiero giuridico dossettiano, cfr. in generale G. DOSSETTI, *La Costituzione: le radici, i valori, le riforme*, Edizioni Lavoro, Roma, 1996.

[43] G. DOSSETTI, *Funzioni e ordinamento dello Stato moderno*, cit., pp. 16-39.

[44] Cfr. G. DOSSETTI, *La ricerca costituente*, cit., pp. 208-

che il fine dello Stato era realizzare non tanto la libertà borghese, quanto il bene comune, esercitando una funzione sussidiaria rispetto agli enti intermedi e all'individuo[45]. Questa particolare forma di solidarismo, polemica sia nei confronti dell'individualismo liberale che del collettivismo marxista, era stata riproposta pochi anni prima dall'enciclica *Quadragesimo anno* di Pio XI (1931). La società non era intesa come un aggregato di individui, ma come un insieme di persone, ciascuna delle quali collocata in molte comunità di diverso tipo. Lo Stato – cioè la comunità più estesa – avrebbe riconosciuto l'esistenza di altri gruppi sociali, come partiti, sindacati, confessioni religiose, scuola, associazioni, famiglia, impegnandosi a rispettarne l'autonomia (come fu poi previsto dall'art. 2 della Costituzione).

La precedenza della persona escludeva non solo l'autoritarismo, ma anche ogni forma di populismo. Infatti, sovranità popolare, sovranità interna dello Stato, indipendenza politica erano tutti principi da salvaguardare, purché limitati e funzionali al bene comune. In questa visione, tendenzialmente, lo Stato e le comunità minori convergono sugli stessi fini, ma mantengono la propria

211.

[45] Cfr. B. CARAVITA DI TORRITTO, *Autonomia e sovranità popolare nell'ordinamento costituzionale italiano*, in http://federalismi.it (2006). Questo concetto attualmente costituisce uno dei principi dell'ordinamento europeo, introdotto dal Trattato di Maastricht del 1992 per iniziativa di Jacques Delors. È stato riconosciuto dalla Costituzione italiana mediante la riformulazione del Titolo V.

autonomia[46]. In una visione sussidiaria dello Stato, i bisogni delle persone debbono essere soddisfatti dall'ente più vicino funzionalmente o territorialmente alla persona ("sussidiarietà verticale"). Lo Stato, comunità massima, interverrà invece solo in ultima istanza, in funzione appunto sussidiaria, cioè per aiutare le comunità minori a raggiungere i propri scopi.

L'unica teoria congruente con l'impianto democratico della Costituzione – dirà Dossetti nel discorso per l'Archiginnasio d'oro[47] – è quella che:

"a) riconosca la precedenza sostanziale della persona umana (intesa nella completezza dei suoi valori e dei suoi bisogni non solo materiali, ma anche spirituali) rispetto allo Stato e alla destinazione di questo al servizio di quella;

b) riconosca ad un tempo la necessaria socialità di tutte le persone, le quali sono destinate a completarsi e perfezionarsi a vicenda mediante una reciproca solidarietà economica e spirituale, anzitutto nelle varie comunità intermedie disposte secondo una naturale gradualità (comunità familiari, territoriali, professionali, religiose, ecc.), e quindi, per tutto ciò in cui quelle comunità non bastino, nello Stato;

c) che per ciò affermi l'esistenza sia dei diritti

---

[46] Cfr. G. ARENA, *Il principio di sussidiarietà orizzontale nell'art. 118 u.c. della Costituzione*, in www.astridonline. it (2002).

[47] Cfr. G. DOSSETTI, *L'eterno e la storia. Il discorso dell'Archiginnasio*, a c. di E. GALAVOTTI, F. MANDREOLI, EDB, Bologna, 2021, pp. 29-60.

fondamentali delle persone, sia dei diritti delle persone, sia dei diritti delle comunità anteriormente ad ogni concessione da parte dello Stato".

Uno Stato sussidiario (anzi, una società sussidiaria), seguendo l'analisi introdotta da Giuseppe Capograssi nel *Codice di Camaldoli*[48], non potrebbe mai essere centralista. Il bene comune e quello privato dovrebbero essere realizzati il più possibile dai gruppi minori di carattere naturale o volontario, dai privati, o dalla stessa persona ("sussidiarietà orizzontale"). Lo Stato centrale dovrebbe intervenire solo quando i corpi intermedi (la famiglia, gli enti locali, le associazioni culturali e professionali, gli enti religiosi, eccetera) non siano in grado di tutelare meglio la persona. Per questo, Dossetti proclamò tra i principi supremi immodificabili della Costituzione "quello posto dall'art. 5 (che ribadisce l'affermazione dell'unità e indivisibilità della Repubblica, e a un tempo il principio delle autonomie locali e del decentramento amministrativo)"[49]. Tuttavia, nonostante l'adesione all'idea della sussidiarietà, e quindi del decentramento amministrativo, Dossetti fu perplesso sull'introduzione delle Regioni. Citando Francesco Paolo Casavola, Presidente della Corte Costituzionale fra il 1992 e il 1995, Dossetti riteneva che un regionalismo differenziato rischiasse di ostacolare lo sviluppo economico, la tutela dell'ambiente, l'evoluzione delle comunicazioni, la rapidità dei trasporti, l'eguaglianza nell'erogazione dei servizi e delle

---

[48] Cfr. G. CAMPANINI, *Personalismo e democrazia*, cit., pp. 263-266.

[49] G. DOSSETTI, *I valori della Costituzione*, cit., p. 32.

più essenziali prestazioni sociali.

L'idea dell'eguaglianza morale del genere umano, e i valori evangelici vissuti integralmente, giustificavano l'adesione alla democrazia e la scelta di campo contro i totalitarismi, tardivamente avvenuta da parte della Chiesa con il *Radiomessaggio di Natale 1944* di Pio XII. Nel 1936, in *Umanesimo integrale*, Maritain era partito da Tommaso d'Aquino, per affermare che la funzione dello Stato è realizzare il bene comune, superando liberalismo, comunismo e fascismo. Questo sarebbe stato possibile solo proteggendo i diritti delle persone e valorizzando i corpi intermedi, nel contesto di una democrazia "organica", cioè solidarista ma non collettivista, pluralista ma non conflittuale[50]. Dossetti condivise questa impostazione, ma lasciando cadere sia la tentazione neocorporativa ancora diffusa nel pensiero cattolico, che le riserve nei confronti della "democrazia borghese". A suo avviso, occorreva superare un'antica ostilità della Chiesa nei confronti delle Costituzioni, del parlamentarismo e della democrazia, e respingere come medievale l'idea di una Chiesa guardiana delle gerarchie sociali e dell'ordine costituito.

L'autorità della Chiesa nella società italiana era in parte controbilanciata da quella dei partiti politici. Dossetti non condivideva la diffidenza nei confronti dei partiti di Mounier (il quale, per evitare la partitocrazia, proponeva una democrazia referendaria) o di Maritain, che

---

[50] Cfr. G. GALEAZZI (cur.), *"L'uomo e lo Stato" di Maritain e il problema della democrazia nel Novecento*, Paravia, Torino, 1989, pp. 16-32.

in *Umanesimo integrale* optava per una forma di governo corporativa e presidenzialista[51]. Dossetti era invece assolutamente a favore di una democrazia parlamentare, basata sul sistema proporzionale, al punto da raccomandarne di fatto l'introduzione anche nell'elezione dei senatori[52]. Semmai, lui e gli amici coinvolti nell'esperienza dell'associazione *Civitas humana*, dei Gruppi Servire e del quindicinale *Cronache Sociali,* inizialmente diffidarono dell'idea di un partito cattolico, anche a causa del coinvolgimento della Chiesa nel regime mussoliniano. Non pensavano comunque a un partito clericale, o ad una cinghia di trasmissione fra le élites di governo e la società civile. I partiti in un moderno Stato sociale di diritto dovevano costituire una struttura della società civile, un corpo intermedio di fondamentale importanza, perché l'intera società doveva essere riformata in senso solidaristico. Bisognava condurla lontano non soltanto dal fascismo, ma anche dal liberalismo classista che aveva preceduto il regime mussoliniano, e per far questo non bastava una riforma istituzionale. Il partito avrebbe consentito di traghettare le masse nello Stato: un'operazione che sostanzialmente non era mai riuscita alle classi dirigenti risorgimentali, e che il Fascismo aveva ritentato con qualche successo, almeno fino all'entrata in guerra. Perciò si doveva immaginare un moderno partito di massa, diffuso tra i lavoratori e sostenuto da organizza-

---

[51] Cfr. G. CAMPANINI, *Personalismo e democrazia*, cit., pp. 92 ss.

[52] Cfr. G. DOSSETTI, *Parla don Giuseppe Dossetti*, cit., pp. 35 ss.

zioni sindacali e associative di area, capace non solo di produrre coinvolgimento elettorale, ma anche elaborazione culturale e educazione alla democrazia. Naturalmente la linea politica democristiana doveva essere elaborata all'interno del partito, non dai gruppi parlamentari. Ancora una volta, va rilevata una certa somiglianza con il "partito di massa e di popolo" che derivava dalla svolta di Salerno e dal V Congresso del PCI. Ma il partito "di programma", capace di coinvolgere le masse, non coincideva con la forza cattolico-liberale e "governista" che voleva De Gasperi[53]. La richiesta del riconoscimento giuridico dei partiti, con l'assegnazione di compiti costituzionali (che l'art. 4 del progetto di Lelio Basso avrebbe voluto riconoscere a quelli che avessero riportato almeno cinquecentomila voti alle elezioni politiche), non passò[54]. I partiti rimasero delle associazioni non riconosciute, benché finissero per diventare di fatto i soggetti dominanti della Costituzione materiale della cosiddetta "prima Repubblica".

L'influenza sul pensiero dossettiano del personalismo di Mounier si sente anche nell'impostazione del

---

[53] Cfr. E. GALAVOTTI *Il dossettismo. Dinamismi, prospettive e damnatio memoriae di un'esperienza politica e culturale,* in https://www.treccani.it/enciclopedia/il-dossettismo-dinamismi-prospettive-e-damnatio-memoriae-di-un-esperienza-politica-e-culturale_(Cristiani-d'Italia)/, pp. 27 ss. Sul partito di massa nella concezione politica di Dossetti, cfr. in generale R. DI GIOVAN PAOLO, *Dossetti. Il dovere della politica*, Nutrimenti, Roma, 2013.

[54] G. DOSSETTI, *Parla don Giuseppe Dossetti*, cit., pp. 206 ss.

problema della pace e della legittima difesa della patria, considerati dalla tradizione tomista come due valori entrambi positivi, e non necessariamente alternativi. Il pacifismo di Dossetti non era, infatti, quello assoluto di Tolstoi, bensì quello relativo degli art. 11 e 52 della Costituzione: "l'Italia ripudia la guerra…", ma "la difesa della Patria è sacro dovere del cittadino". Non poteva che essere così, dal momento che Dossetti e il suo partito avevano partecipato alla Resistenza, ed era in nome di quella esperienza che si stavano costruendo la Repubblica e la Costituzione. Ricordiamo che Emmanuel Mounier, nel 1938, aveva denunciato il falso pacifismo che aveva portato le democrazie a lasciare campo libero a Hitler: "No, l'amore della pace non ha niente a che vedere con questo pacifismo di gente tranquilla, con questo paradiso per professori esatti e collegiali troppo docili"[55].

L'art. 5 della proposta di Dossetti sullo Stato come ordinamento giuridico recitava: "Lo Stato rinunzia alla guerra come strumento di conquista o di offesa alla libertà degli altri popoli. Lo Stato consente, a condizioni di reciprocità, le limitazioni di sovranità necessaria alla organizzazione e alla difesa della pace". Veniva poi spiegato che "Anche questa norma corrispondeva alla diffusa e concorde coscienza di questo dopoguerra. Confrontare le espressioni in tutto analoghe della nuova Costituzione francese", che, a sua volta, riprendeva le Costituzioni del 1791 e del 1848.

---

[55] E. MOUNIER, *I Cristiani e la pace*, Castelvecchi, Roma, 2022.

Nel 1945 lo Statuto nell'Onu (cui l'Italia, come la Germania e il Giappone, sarebbe stata ammessa alcuni anni dopo) aveva prescritto all'art. 2, n. 4, che tutti i Membri dovessero astenersi "dalla minaccia o dall'uso della forza, sia contro l'integrità territoriale o l'indipendenza politica di qualsiasi Stato, sia in qualunque altra maniera incompatibile con i fini delle Nazioni Unite". Il rifiuto del nazionalismo e – diremmo oggi – del "sovranismo", aprì la strada all'adesione dell'Italia al processo di unità europea, fin da quando fu creato il Consiglio d'Europa nel 1949, e all'ONU nel 1955, dieci anni dopo la fondazione. La pace, per i padri costituenti, non era semplice mancanza di guerra, ma anche collaborazione attiva tra le nazioni, in vista del bene comune. Per questo, la formulazione dell'art. 11 conterrà al secondo capoverso il principio della limitazione della sovranità. Come la libertà individuale e la proprietà privata, anche la sovranità interna dello Stato e quella sovranità esterna debbono avere dei limiti, ed essere funzionali al bene comune. L'idea stessa della Costituzione nasce storicamente proprio dall'esigenza di porre dei limiti al potere sovrano.

La sensibilità pacifista porterà invece, Dossetti ad opporsi, o almeno a recalcitrare rispetto all'adesione dell'Italia alla NATO, fondata con il Trattato di Londra del 1949. Questo non solo per l'adesione all'ideale cristiano della *societas humani* generis, ma anche per la convinzione che l'interesse nazionale consigliasse una maggiore autonomia dagli USA, e comunque un ruolo autonomo di potenza mediterranea[56].

L'influenza del pensiero cattolico sulla Costituzione chiaramente emerge nel dibattito sui rapporti tra Chiesa e Stato, i cui punti più delicati saranno quelli riguardanti i Patti Lateranensi, le scuole paritarie, l'indissolubilità del matrimonio: tutti temi sui quali il PCI di Togliatti, pur con grandi difficoltà, lasciò campo libero. In un discorso alla Costituente del 21 marzo 1947, in seduta plenaria, affrontò la questione in un fondamentale discorso. Come è noto, l'art. 7 della Costituzione, riprendendo quello delle *Proposte* dallo stesso Dossetti presentate il 21/11/46, recita:

"Lo Stato e la Chiesa cattolica sono, ciascuno nel proprio ordine, indipendenti e sovrani. I loro rapporti sono regolati dai Patti Lateranensi. Le modificazioni dei Patti, accettate dalle due parti, non richiedono procedimento di revisione costituzionale".

Dossetti – che agiva senza esplicito mandato da parte della DC, ma come rappresentante di fatto della Santa Sede – doveva difendere il testo elaborato in Sottocommissione da critiche che provenivano non solo dai laici e dalla sinistra, ma anche dai settori integralisti della Chiesa. Il problema più arduo non fu quello di approvare il principio della necessità di un concordato, ma di fare accettare la menzione esplicita di "quel" concordato, sottoscritto da Mussolini e dalla Santa Sede: una *conditio*

---

[56] Cfr. in generale L. GIORGI, *Giuseppe Dossetti e la politica estera italiana, 1945-1951*, Scriptorium, Milano, 2005.

sine qua non per il Papa. A questo proposito, la strategia argomentativa di Dossetti, conforme alla dottrina ecclesiasticista e alle richieste della Segreteria di Stato vaticana, fu complessa. La questione dei rapporti tra Stato e Chiesa venne legata strettamente a quella delle relazioni internazionali. La Costituzione nata dalla Resistenza doveva realizzare una "democrazia effettiva, integrale, non solo apparente e formale, ma veramente sostanziale, una democrazia finalmente umana"[57]. La DC accettava pienamente il principio della laicità dello Stato. Ma la Chiesa cattolica non poteva essere considerata un semplice ente privato. Questa era una questione preliminare, sulla quale Dossetti pretendeva la massima chiarezza. E difatti resistette fermamente a ogni tentativo di Togliatti, Marchesi, Cevolotto, Tupini di differenziare i rapporti internazionali da quelli tra Stato e Chiesa. L'ordinamento della Chiesa doveva essere considerato originario quanto quello degli Stati e della comunità internazionale nel suo insieme. Quindi, si doveva ammettere che sul territorio della Repubblica vigeva una pluralità di ordinamenti: non solo quello italiano e quello internazionale, ma anche quello prodotto dalla Chiesa, che lo Stato aveva riconosciuto. Dossetti dichiarò al riguardo:

[Il Relatore] "…con la locuzione ‹originario›, ha inteso adottare una terminologia, entrata ormai nella

---

[57] G. DOSSETTI, *Lo Stato come ordinamento giuridico e i suoi rapporti con gli altri ordinamenti*, in *La nuova Costituzione italiana. Progetto e relazioni*, Roma, 1947, pp. 119-122. Cfr. A. MELLONI, *L'utopia come utopia*, in G. DOSSETTI, *La ricerca costituente*, cit., pp. 39-42; 297.

dottrina più recente (in sostituzione delle espressioni ‹indipendente› o ‹sovrano› che potrebbero generare equivoci) per indicare la caratteristica di un ordinamento il quale abbia, se non proprio tutti i caratteri che si ritenevano tipici della sovranità, intesa come potestà superiore, per lo meno il carattere di *aseità*, cioè di essere un ordinamento per sé stante, il cui fondamento non derivi dal riconoscimento di un altro ordinamento".

Ciò significava che Stato e Chiesa erano sì entità distinte, ma non nel senso limitato della formula cavourriana "Libera Chiesa in libero Stato". Secondo Dossetti, lo Stato poteva disconoscere questa o quella norma del diritto canonico, ma doveva accettare il fatto che la Chiesa era una realtà storicamente preesistente alla Repubblica, retta da un ordinamento giuridico *sui generis*, ed accettata dall'Italia come un ente internazionale già dai Patti Lateranensi[58]. Il matrimonio concordatario era, ad esempio, una delle conseguenze logiche di questa situazione.

Secondo Dossetti, la Chiesa universale, rappresentata dalla Santa Sede, andava trattata dalla Repubblica da pari a pari, mediante accordi di carattere internazionale, che ne riconoscessero il carattere a suo modo sovrano, ed accettassero la preminenza del cattolicesimo nella società

---

[58] G. DOSSETTI, *La ricerca costituente*, cit., pp. 229 ss. Cfr. L. ELIA, *Dossetti e l'art. 7 della Costituzione*, in F. TRANIELLO, F. BOLGIANI, F. MARGIOTTA BROGLIO (cur.), *Stato e Chiesa in Italia. Le radici di una svolta. Atti del convegno della Fondazione Michele Pellegrino (Torino 23 novembre 2007)*, il Mulino, Bologna, 2009, pp. 191-212.

italiana. Era un ragionamento estremamente sottile, con il quale si voleva di fatto mantenere il ruolo del cattolicesimo come religione ufficiale, ma non esattamente come religione di Stato. Dossetti sapeva bene quanto il papa e l'episcopato subissero la tentazione di posizioni oltranziste: ad esempio avrebbero voluto escludere il diritto al proselitismo per le altre religioni. Quindi egli considerò un successo già avere fatto passare il principio che il riconoscimento dei Patti Lateranensi non implicava la violazione del principio di eguaglianza e la compressione della libertà religiosa. Una garanzia di questo allontanamento dal Medioevo fu rappresentato, secondo Dossetti, dall'art. 8 della Costituzione, che riconobbe l'eguaglianza e la libertà di tutte le comunità religiose[59]. Alla fine, in nome della pace religiosa, e per evitare una nuova, drammatica rottura di rapporti tra la Chiesa e lo Stato, i partiti laici dovettero cedere.

In realtà, come notò da parte comunista Concetto Marchesi, nessuno metteva in discussione la piena sovranità statuale della Santa Sede, che precedeva di molto il Concordato. Nemmeno era contestato il fatto che la Santa Sede esercitasse la sua sovranità sul territorio dello Stato di Città del Vaticano (un secondo soggetto, creato nel 1929)[60]. Non costituiva un problema neanche la

---

[59] Dossetti molto più tardi ammise che la sua posizione sui Patti Lateranensi era stata, in termini giuridici, una forzatura. Cfr. L. ELIA, P. SCOPPOLA, *A colloquio con Dossetti e Lazzati. Intervista (19 novembre 1984)*, pp. 75 ss., il Mulino, Bologna, 2003, 75-77.

[60] L'art. 3 del Trattato Lateranense riconosce "piena proprietà esclusiva ed assoluta potestà e giurisdizione sovrana"

Chiesa come comunità dei fedeli, che la dottrina canonistica esigeva di riconoscere come un ulteriore e distinto soggetto di diritto internazionale, pur non essendo uno Stato. Il punto dolente era invece la questione dei Patti Lateranensi, che Pio XII voleva assolutamente che venissero recepiti in modo esplicito dalla Costituzione repubblicana. Questo metteva in gravi difficoltà comunisti, azionisti e socialisti. A nulla valsero nemmeno i suggerimenti del Capo provvisorio dello Stato, De Nicola, di evitare il richiamo a "quei" patti tra Stato e Chiesa ("i loro rapporti continueranno ad essere regolati in termini concordatari"). Il testo, emendato dal liberale Falcone Lucifero, venne approvato in Sottocommissione, nella plenaria della Commissione dei 75, con l'appoggio di democristiani, comunisti e parte dei liberali. Infine divenne l'art. 7 della Costituzione, con grande sconcerto dei socialisti e soprattutto degli azionisti[61]:

"Lo Stato e la Chiesa cattolica sono, ciascuno nel proprio ordine, indipendenti e sovrani. I loro rapporti sono regolati dai Patti Lateranensi. Le modificazioni dei Patti, accettate dalle due parti, non richiedono procedimento

---

della Santa Sede) sul territorio di Città del Vaticano. Il Vaticano non è, quindi, uno Stato sovrano, ma uno 'Stato patrimoniale' soggetto alla Santa Sede. Non ha autonomia e finalità proprie, in quanto la sua funzione è strumentale rispetto alla missione della Chiesa universale, rappresentata dal Papa.

[61] Cfr. P. CALAMANDREI, *Storia quasi segreta di una discussione e di un voto* (1947), in http://www.valtervannelli.it/home_pubblicazioni/Calamandrei_1947/Calamandrei_1947.html.

di revisione costituzionale".

Il fatto che i Patti Lateranensi fossero richiamati dalla Costituzione teoricamente non significava costituzionalizzarne ogni singola norma, per cui successive modifiche concordate bilateralmente non avrebbero richiesto un processo di revisione costituzionale[62]. Ma era facile prevedere che il riferimento ai Patti Lateranensi avrebbe posto seri problemi di contrasto con i principi supremi della Costituzione, risolti in parte dalla Corte Costituzionale nel 1971 e dal Nuovo Concordato del 1984[63].

Un laburismo cristiano?

Il lavoro – non la proprietà, né il privilegio di casta – fu posto a fondamento del nuovo Stato, su proposta di La Pira e Togliatti. Dossetti non avrebbe avuto difficoltà ad accettare anche la proposta di Togliatti di dichiarare

---

[62] Cfr. L. ELIA, *Dossetti alla Costituente*, cit., pp. 35-38.

[63] L'art. 1 dei Patti Lateranensi ("L'Italia riconosce e riafferma il principio consacrato nell'articolo 1° dello Statuto del Regno 4 marzo 1848, pel quale la religione cattolica, apostolica e romana è la sola religione dello Stato") poté essere superato dal Nuovo Concordato del 1984. Il superamento del Concordato del '29 fu salutato da Dossetti con soddisfazione, perché questo avrebbe permesso di dare piena attuazione all'art. 8 della Costituzione sulla libertà ed eguaglianza giuridica delle diverse comunità religiose. Cfr. G. Dossetti, *Amore di Dio,* cit., p. 25; L. ELIA, *Giuseppe Dossetti e l'art. 7*, cit., pp. 2 s.

l'Italia una Repubblica dei lavoratori. Del resto, La Pira e Moro proponevano che fosse "fondata sul lavoro e la solidarietà sociale"[64]. Il tema del lavoro si combina con quello personalistico nel testo dell'art. 3 della Costituzione, che impegna la Repubblica a rimuovere gli ostacoli di ordine economico e sociale che impediscono l'effettiva partecipazione dei lavoratori e il pieno sviluppo umano. Il principio lavoristico, in apparente armonia tra il *Codice di Camaldoli* e la Costituzione sovietica, avrebbe dovuto implicare, secondo Dossetti, anche il "dovere di svolgere un'attività o una funzione idonea allo sviluppo economico o culturale, o morale o spirituale della società umana"[65].

Nell'attività della Costituente, la libertà sindacale e il diritto di sciopero (art. 39 e 40) rappresentarono un superamento della tradizionale diffidenza della Chiesa verso la lotta di classe, ribadita dalla *Rerum Novarum* di Leone XIII (1891)[66]. Invece, la garanzia di una retribuzione adeguata ad un'esistenza libera e dignitosa (art. 36) fu il frutto di una più facile convergenza tra la dottrina sociale della Chiesa e la tradizione del movimento operaio. Non fu invece possibile dichiarare esplicitamente nell'art. 41 la politica di piena occupazione come uno

---

[64] G. DOSSETTI, *La ricerca costituente*, cit., p. 221 s.; G. ZAGREBELSKY, *Fondata sul lavoro. La solitudine dell'art. 1*, Einaudi, Torino, 2013.

[65] G. DOSSETTI, *La ricerca costituente*, cit., pp. 140 ss.; 164 s.

[66] Cfr. S. ZANINELLI, s. v. *Lavoro*, in AA. VV., *Dizionario di dottrina sociale della Chiesa. Scienze sociali e magistero*, Milano, 2004, pp. 63-68.

dei fini della Repubblica, perché evidentemente l'utopia del 'dossettismo' non era in grado di rappresentare una radicale alternativa al liberismo degasperiano[67]. Il diritto al lavoro (art. 4: "La Repubblica riconosce a tutti i cittadini il diritto al lavoro e promuove le condizioni che rendano effettivo questo diritto") impegnava però implicitamente lo Stato a porre in essere delle politiche di sviluppo dell'occupazione. Non era la stessa cosa del semplice diritto a lavorare, riconosciuto molto più tardi dall'UE (Carta dei diritti fondamentali, art. 15.1: "Ogni persona ha il diritto di lavorare e di esercitare una professione liberamente scelta o accettata"). Ma non era nemmeno un diritto soggettivo ad ottenere un lavoro.

In campo economico-sociale le differenze più inconciliabili tra sinistra e cattolici sarebbero dovute essere ovviamente quelle riguardanti la proprietà e l'impresa. Mediare le posizioni della sinistra con la concezione liberale della proprietà privata e della libertà d'impresa era molto difficile. Ma con i cattolici si rivelò possibile una convergenza più ampia di quello che si sarebbe potuto supporre. Questo fu reso possibile, almeno fino alle elezioni dell'aprile 1948, soprattutto dalla "svolta di Salerno" operata da Togliatti nel 1944. L'adesione alla linea della "democrazia progressiva", a partire dallo scioglimento del Comintern[68], con l'abbandono di fatto del

---

[67] Cfr. P. POMBENI, *Ricordo di Federico Caffè*, in G. Amari, N. Rocchi (cur.), *Federico Caffè. Un economista per gli uomini comuni*, Futura, Roma, 2007, pp. 855-857.

[68] Cfr. S. GALANTE, *Sulle "condizioni" della democrazia progressiva nella linea politica del PCI (1943-1948)*, in *Il Politico*, 40.3 (1975), pp. 445-474.

leninismo, aveva favorito il passaggio di tutta la sinistra ad una strategia anti-monopolista e socialdemocratica, di superamento graduale del capitalismo[69]. Togliatti aveva chiarito, in occasione della svolta, che il PCI ("partito nuovo") non avrebbe fatto come in Russia. Quindi, il compito che stava davanti alla sinistra non era dar vita alla Costituzione di uno Stato socialista[70]. Questa linea, che era condivisa anche dai socialisti e dagli azionisti, rese possibile la creazione di un vastissimo consenso sul testo della carta costituzionale. Era, infatti, chiaro alla sinistra che la Costituzione italiana non poteva essere anticapitalista, ma avrebbe potuto tutt'al più introdurre le premesse di successive riforme di struttura. Avrebbe quindi riconosciuto la libera iniziativa (art. 41) e la proprietà privata (art. 42), ma proclamando entrambe funzionali (e quindi subordinate) all'interesse generale. Le imprese o gruppi di imprese inerenti a servizi pubblici essenziali, fonti di energia o situazioni di monopolio potevano essere espropriabili (art. 43). Quelle creditizie potevano essere disciplinate e controllate (art. 47). La Repubblica avrebbe promosso e favorito la creazione delle cooperative (art. 45). La svolta del PCI conseguì anche il risultato strategico di ridimensionare definitivamente il ruolo del filo-occidentale Partito d'Azione di Parri e

---

[69] Cfr. in generale E. MACALUSO (con C. PETRUCCIOLI), *Comunisti a modo nostro. Storia di un partito lungo un secolo*, Marsilio, Venezia, 2021.

[70] Sul passaggio del PCI da partito antisistema a co-fondatore della nuova legalità repubblicana, cfr. in generale E. Macaluso, *Comunisti e riformisti. Togliatti e la via italiana al socialismo*, Feltrinelli, Milano, 2013.

La Malfa, che era stato importantissimo durante la Resistenza ed era vicino al laburismo anglosassone e al keynesismo.

Neanche la proprietà privata costituiva più un ostacolo insormontabile. Il trattamento di questo tema nella Costituzione è perfettamente compatibile sia con le esigenze di una strategia socialdemocratica che con la tradizione dottrinale cattolica. Il modello dei rapporti di appartenenza tipico del diritto canonico, fin dai tempi di Ambrogio, era molto diverso dall'illimitato *dominium* romanistico, che era stato assunto in epoca moderna come modello dal pensiero liberale[71]. Che la proprietà privata fosse un diritto da tutelare era da sempre pacifico nella dottrina della Chiesa, ma si trattava pur sempre del frutto di un'usurpazione[72]. La sua tutela non derivava dal diritto naturale, ma era un rimedio reso necessario dall'incapacità alla condivisione, che derivava a sua volta dal peccato originale. La proprietà era, perciò, una concessione, il cui esercizio doveva essere limitato dal dovere della carità e dalla funzionalità al bene pubblico, soprattutto per quanto riguardava le situazioni di monopolio (art. 76 e 80 *Codice di Camaldoli*). Questa concezione indubbiamente ebbe il suo peso nei lavori della III

---

[71] Cfr. B. TIERNEY, *L'idea dei diritti naturali. Diritti naturali, legge naturale e diritto canonico 1150-1623* (1997), tr. it. Bologna, 2002, pp. 101 ss.; G. GILIBERTI, *Omnium una libertas. Alle origini dell'idea di diritti umani*, in L. LABRUNA (dir.), *Tradizione romanistica e Costituzione*, t. II, ESI, Napoli, 2006, pp. 1907-196. Per diritto naturale *"omnia sunt communia omnibus"*: GRATIANUS, *Decretum*, Dist. 8 *dictum ante* c. 1.

[72] AMBROSIUS, *De off. minister.*, 1.28.

Sottocommissione, ad opera di Fanfani e Taviani.

Nella seduta della prima Sottocommissione del 16 ottobre 1946, Dossetti e Togliatti proposero che "I beni economici di consumo e i mezzi di produzione possono essere in proprietà di privati, di cooperative, di istituzioni o dello Stato". Proseguendo, Dossetti arrivò a distinguere – sempre in accordo con Togliatti – la proprietà personale (frutto del lavoro e del risparmio) e quella dei mezzi di produzione; privata, pubblica e delle cooperative; frutto di lavoro e risparmio oppure acquisita per eredità. La proprietà garantita dalla Costituzione doveva essere solo quella frutto del lavoro e del risparmio[73]. Dal momento che la proprietà era non solo un diritto, ma una responsabilità sociale, lo Stato era legittimato ad imporre "forme diverse di controllo periferico e centrale", cioè misure necessarie a contemperare l'interesse privato, quello pubblico e lo sviluppo economico, quindi anche la pianificazione economica.

Il principio lavoristico e quello della libera iniziativa entrano inevitabilmente in contraddizione nella gestione dell'azienda. L'idea che, nel rispetto della proprietà privata e del pluralismo economico-sociale, si potesse realizzare un sistema economico capace di coinvolgere capitale, lavoro, Stato e consumatori[74] era molto diffusa in quell'epoca. Il planismo belga, il New Deal di Roosevelt, l'esperienza britannica dei piani Beveridge proponevano

---

[73] G. DOSSETTI, *La ricerca costituente*, cit., pp. 159-165. Cfr. E. MOUNIER, *Dalla proprietà capitalista alla proprietà umana* (1936), Ecumenica, Bari 1982.

[74] Cfr. A. PERSICO, *Il Codice di Camaldoli*, cit., pp. 115-143.

tutti una politica dirigista e antimonopolista, usando la spesa pubblica in funzione anticiclica. Tra i popolari dossettiani trovavano consenso le teorie keynesiane, diffuse dalla rivista *Cronache Sociali*, e in particolare da Federico Caffè. In teoria, c'erano tutte le premesse per un accordo tra sinistra e cattolici sui diritti economico-sociali. L'ideale di Dossetti non era certo lo Stato minimo: il Governo doveva avere i poteri necessari ad ottenere una democrazia sostanziale, assicurando la realizzazione della dignità delle persone, il che richiedeva un ampio intervento pubblico in materia economica, una imposta patrimoniale, l'abolizione del latifondo. La sinistra politica e sindacale cattolica – all'interno della II Sottocommissione – parlava di programmazione, nazionalizzazione delle aziende monopolistiche, piano per la casa, forme di partecipazione dei dipendenti all'impresa[75]. Questa linea di pensiero poteva spingersi fino a concepire una sorta di "laburismo cristiano" (con Dossetti) e ad auspicare (con Mounier) una forma di "democrazia economica" post-capitalista. D'altra parte, dopo la crisi del 1929 e anni di dirigismo e di economia di guerra, solo i liberali contestavano la necessità di un intervento strutturale dello Stato nell'economia. Era una posizione che andava al di là del popolarismo, perché partiva dall'assunto che il ciclo economico andava governato, non episodicamente, dallo Stato[76]. Non si trattava,

---

[75] Cfr. in generale R. ROMANELLI, *L'Italia e la sua Costituzione. Una storia*, Laterza, Bari-Roma, 2023.

[76] Cfr. G. BIANCHI, P. TROTTA, *La rimozione di Dossetti*, cit., pp. 69-72.

quindi, di posizioni lontane dalle socialdemocrazie europee, come fu rilevato criticamente dalla maggioranza DC, ma anche in tutt'altro senso dal PCI e dai socialisti. Ma, passando dal piano macroeconomico al livello della singola impresa e dei rapporti di lavoro, l'accordo dei democristiani con il movimento operaio e la sinistra risultava molto difficile.

Fino alla crisi del regime di Mussolini, il corporativismo era sembrato rappresentare una terza via tra capitalismo e socialismo, che la Chiesa poteva auspicare. Il *Codice di Camaldoli* si era spinto molto più avanti della *Rerum Novarum*: la partecipazione dei lavoratori all'impresa sarebbe dovuta essere sostanziale, non solo mediante la partecipazione agli utili e l'azionariato popolare, ma mediante la cogestione e l'istituzione di organi di controllo sulla produzione[77]. Ma già la *Quadragesimo Anno* di Pio XI (1931) sosteneva la necessità della compartecipazione agli utili o alla gestione, per risolvere in radice il conflitto tra capitale e lavoro.

L'art. 46 della Costituzione, sull'introduzione della cogestione, fu proposto da Gronchi e Fanfani nella III Sottocommissione, con l'appoggio di Di Vittorio: "Ai fini della elevazione economica e sociale del lavoro e in armonia con le esigenze della produzione, la Repubblica riconosce il diritto dei lavoratori a collaborare, nei modi e nei limiti stabiliti dalle leggi, alla gestione delle aziende". Rimase largamente inapplicato. Nell'Assemblea Costituente la cogestione (intesa come mezzo di

---

[77] Art. 66. Cfr. M. DAU, *Il Codice di Camaldoli*, cit., pp. 46-51.

controllo, oppure di effettivo coinvolgimento nell'amministrazione) fu vista con sospetto sia da destra che da sinistra, come un ostacolo alla piena restaurazione del potere padronale, o viceversa come strumento per disinnescare la conflittualità sociale. In effetti, poteva essere interpretata in modi diversissimi: come una continuazione dell'esperienza corporativa fascista, oppure di quella dei CLN aziendali e dei Comitati di Gestione (1945-1947). Era anch'essa una una forma di controllo dell'economia, ma i cattolici non la sostennero fino in fondo, e i comunisti furono sostanzialmente contrari. In teoria, avrebbe potuto essere una "riforma di struttura" (come auspicava il socialista Rodolfo Morandi) capace di cambiare irreversibilmente il concetto stesso di impresa. Quindi, le forze progressiste preferirono pensare, nei decenni successivi prevalentemente alle nazionalizzazioni, alla riforma agraria, agli strumenti macro-economici in generale, infine al controllo operaio delle condizioni di lavoro, ma non alla cogestione.

In un'ottica non genericamente solidarista, ma da vero e proprio "laburismo cristiano", Dossetti era pronto a discutere del controllo sociale dell'economia (a condizione del rispetto della libertà politica di "un minimo" di proprietà personale), che non arrivasse, però, al monopolio statale[78]. C'era, quindi, una parte della DC, sempre più lontana dalle posizioni di de Gasperi, che fin da allora dedicò una critica attenzione alla sinistra, verso la quale occorreva "marciare", o almeno "guardare"[79]. La

---

[78] G. DOSSETTI, *La ricerca costituente*, cit., pp. 137-140.

[79] Cfr. A. PAVAN, *Il marxismo ultima eresia cristiana*, in

strategia dossettiana, che propugnava anche una politica di pieno impiego e di assicurazioni sociali, la riforma agraria, la fiscalità progressiva, avrebbe potuto davvero costituire una terza via cattolica, capace di andare oltre l'ordoliberalismo di Saraceno, spingendosi fino addirittura al superamento del capitalismo. Questo, almeno in teoria.

Come abbiamo più volte rilevato la democrazia integrale e sostanziale cui alludeva Dossetti poteva sembrare molto simile alla "democrazia progressista", che associava metodo democratico e riforme di struttura (in primo luogo, esproprio del latifondo e nazionalizzazione dei monopoli)[80]. Ma c'era una differenza sostanziale: per il PCI e per il PSI di Morandi si trattava di una "via italiana al socialismo", concordata con l'URSS, cioè un processo di superamento del capitalismo, a suo modo rivoluzionario e irreversibile. Va anche detto che, tra il liberalismo capitalista e il socialismo filosovietico, probabilmente Dossetti trovava la prima ideologia più anticristiana della seconda[81].

La base di una possibile intesa tra cattolici e sinistra — allarmante per i conservatori e per gran parte degli imprenditori — era costituita senza dubbio dal comune interesse per i diritti economico-sociali delle masse

---

Vita e pensiero, 1 (1973), pp. 5-27.

[80] Dossetti e Lazzati deplorarono che la Costituzione economica, con le necessarie riforme di struttura, fosse rimasta inattuata. Cfr. *A colloquio con Dossetti e Lazzati*, cit., pp. 55-57.

[81] Cfr. E. GALAVOTTI, *Il dossettismo*, cit., pp. 4-6; M. D'ALEMA (con G. CUPERLO), *La grande occasione. L'Italia verso le riforme*, Mondadori, Milano, p. 12.

popolari e dalla critica al liberalismo. Il 31 gennaio 1947 l'articolato elaborato dalla I Sottocommissione venne presentato alla presidenza. L'11 marzo, Togliatti, esponendo alla Costituente la sua concezione di una Costituzione democratica e progressiva, affermò[82]:

"Effettivamente c'è stata una confluenza di due grandi correnti: da parte nostra un solidarismo — scusate il termine barbaro — umano e sociale; dall'altra parte un solidarismo di ispirazione ideologica e di origine diversa, il quale però arrivava, nella impostazione e soluzione concreta di differenti aspetti del problema costituzionale, a risultati analoghi a quelli a cui arrivavamo noi. Questo è il caso dell'affermazione dei diritti del lavoro, dei cosiddetti diritti sociali; è il caso della nuova concezione del mondo economico, non individualistica né atomistica, ma fondata sul principio della solidarietà e del prevalere delle forze del lavoro; è il caso della nuova concezione e dei limiti del diritto di proprietà. Né poteva fare ostacolo a questo confluire di due correnti, le quali partono da punti ideologicamente non eguali, la concezione, pure affermata dall'onorevole La Pira, della dignità della persona umana come fondamento dei diritti dell'uomo e del cittadino. Perché questa concezione avrebbe dovuto fare ostacolo? Al contrario, vi era qui un altro punto di confluenza della nostra corrente, socialista e comunista, colla corrente solidaristica cristiana. Non dimenticate infatti che socialismo e comunismo

---

[82] Cfr. P. TOGLIATTI, *Discorsi alla Costituente*, Editori Riuniti, Roma, 1973[2], p. 7.

tendono a una piena valutazione della persona umana: a quella piena valutazione della persona umana, che noi riteniamo non possa essere realizzata, se non quando saranno spezzati i vincoli della servitù economica, che oggi ancora opprimono e comprimono la grande maggioranza degli uomini, i lavoratori".

Il 31 maggio, De Gasperi, su pressione degli USA, espulse la sinistra dal Governo. Senza una sponda nella sinistra, anche il "laburismo cristiano" si dimostrò una via impercorribile, anche a causa dell'ostilità della gerarchia vaticana. Paradossalmente la vocazione riformista di Dossetti riemerse nel programma elettorale della DC nel corso della combattutissima campagna per le amministrative di Bologna del 1956, che lo contrappose a Dozza. I contenuti del suo 'Libro Bianco' (si pensi, ad esempio, all'introduzione dei quartieri e alla programmazione urbanistica) influenzarono poi profondamente la stessa sinistra cittadina[83]. Ma finché la struttura delle relazioni internazionali fosse rimasta quella della guerra fredda, il confronto politico dei cattolici con i comunisti sul terreno del riformismo si sarebbe mantenuto difficile e pericoloso, molto più dell'apertura al PSI che portò al primo centro-sinistra. Il rapimento di Aldo Moro nel 1978 e la fine della politica di compromesso storico ne furono una drammatica dimostrazione.

---

[83] Cfr. A. ARDIGÒ, *Giuseppe Dossetti e il Libro Bianco su Bologna*, EDB, Bologna, 2003.

DOSSETTI, IL LIBRO BIANCO
E IL DECENTRAMENTO

di Enrico Galavotti

Quello tra Dossetti e Bologna è un rapporto antico e di straordinaria intensità. Era iniziato negli anni in cui Dossetti era un giovane studente di Giurisprudenza e veniva in questa città per seguire i corsi di Arturo Carlo Jemolo, il professore con cui sognava di laurearsi. Un rapporto che si riaccese intensamente all'indomani della fine del suo impegno politico, quando nel 1952 Giacomo Lercaro fece il suo ingresso a Bologna come nuovo arcivescovo e Dossetti, pochi mesi dopo, iniziò l'impianto di quello che sarebbe stato conosciuto più tardi come il Centro di Documentazione. Per Dossetti, Bologna aveva in questo senso una ragione strategica: Roma era impraticabile per la presenza delle prestigiose e antiche Università pontificie; a Milano c'era già Gemelli con la sua Università cattolica; a Napoli (città pure presa in considerazione) c'era l'Istituto di Studi Storici fondato da Benedetto Croce ed era meglio evitare ambiguità e rivalità di ogni sorta. Bologna, invece, sembrava perfetta per la sua rapida raggiungibilità e per il fatto di garantire un sostrato sufficientemente laico per l'impianto del nuovo progetto[84]. Ma Bologna diventerà anche il luogo in cui, proprio dal Centro di Documentazione, germinerà quella che sarà la Piccola Famiglia dell'Annunziata, che Dossetti vorrà fortissimamente non come un nuovo ordine religioso autonomo e autoreferenziale, bensì come una realtà strettamente innestata nella vita della diocesi di Bologna[85]. E sarà sempre nel territorio della diocesi di Bologna che Dossetti sceglierà il luogo del suo estremo riposo, proprio a rendere visibile la definitività della sua scelta di questa terra: sarà così sepolto nel cimitero di Sperticano a poche decine di metri da quella chiesa di Casaglia in cui le SS di Walter Reder, nel settembre 1944, avevano compiuto uno tra i più efferati massacri di civili alla fine della Seconda guerra mondiale.

È stata dunque una relazione importante quella che si è stabilita tra Dossetti e Bologna e sarebbe sbagliato ridurla alla sua breve stagione politica all'interno dell'amministrazione comunale, o persino immaginare che dopo questa fase il suo rapporto con la città si sia ridotto o annullato: tutt'altro. D'altro canto, quando nel 1986 il Comune di Bologna deliberò di conferirgli

---

[84] Su questa iniziativa si vedano *L'"officina bolognese", 1953-2003*, a cura di G. Alberigo, EDB, Bologna 2004, e D. MENOZZI, *Le origini del Centro di documentazione (1952-1956)*, in *"Con tutte le tue forze". I nodi della fede cristiana oggi. Omaggio a Giuseppe Dossetti*, a cura di A. e G. Alberigo, Marietti (Testi e ricerche di scienze religiose – nuova serie, 9), Genova 1993, pp. 333-369.

[85] Cfr. G. DOSSETTI, *La Piccola Famiglia dell'Annunziata. Le origini e i testi fondativi, 1953-1986*, a cura della Piccola Famiglia dell'Annunziata, Paoline, Milano 2004.

l'Archiginnasio d'oro (e ricordiamoci che allora il muro di Berlino era ancora in piedi e la svolta della Bolognina davvero inimmaginabile), riconobbe che quando Dossetti aveva deciso di trasferirsi a Bologna aveva compiuto "una scelta di condivisione non per isolarsi dal resto del paese [...], ma per impegnarsi a un livello più profondo di solidarietà con una terra ricca di fermenti e di contraddizioni". "Per Bologna e da Bologna", aggiungeva la mozione votata dal Consiglio comunale, "Dossetti ha animato, realizzato, promosso; così che è doveroso riconoscere che questa città deve a lui non poco della propria identità come dell'immagine che negli ultimi decenni ne ha fatto un modello dibattuto e studiato nel mondo. [...]"[86]. Sono affermazioni, lo si può ben dire oggi, non di circostanza. Tra l'altro ci confermano una volta di più nell'idea che ciò che è avvenuto a Bologna tra il 1956 e il 1958 – gli estremi in cui è racchiusa l'esperienza amministrativa dossettiana – costituisce, anche da un punto di vista politico, un esperimento straordinariamente interessante, anzitutto perché, come è noto, Dossetti non era minimamente intenzionato a candidarsi per le amministrative del 1956. Al momento del suo congedo dalla DC tra il 1951 e il 1952 aveva, infatti ,detto più volte che il suo passo indietro rappresentava in primo luogo un modo per scavare in profondità: nel momento in cui la politica italiana soffriva a suo modo di vedere di alcuni pesantissimi vizi originari che l'avrebbero

---

[86] Cfr. G. DOSSETTI, *Con Dio e con la storia. Una vicenda di cristiano e di uomo*, a cura di A. e G. Alberigo, Marietti, Genova 1986, pp. 48-49.

condizionata senza scampo (un deficit culturale dei cattolici che si manifestava anzitutto nella stentorea vacuità delle attività promosse dall'Azione Cattolica di Luigi Gedda e un anticomunismo che si riduceva ad un vero e proprio odio teologico dell'avversario, spalancando di nuovo le porte al pericolo di un'involuzione fascista), occorreva allora impegnarsi perché ci fosse una reale rifondazione culturale dell'impegno politico dei cattolici, affinché questi ultimi diventassero capaci di superare gli storici steccati che ancora li dividevano dal resto della società italiana[87]. Per questa ragione, la perentoria richiesta che nell'ottobre del 1955 pervenne a Dossetti da parte di Lercaro per la sua candidatura alle amministrative di Bologna causò in Dossetti quello che fu forse il momento di maggiore imbarazzo della sua vita. Solo poche settimane prima Dossetti aveva infatti pronunciato i voti privati che lo impegnavano all'obbedienza verso l'arcivescovo come un primo passo per la costituzione della sua nuova famiglia di consacrati: un atto che, dunque, segnava concretamente il distacco da una fase precedente della sua vita per introdursi in qualcosa di totalmente nuovo.

Ma era precisamente il vincolo di sottomissione che ora univa Dossetti al cardinale Lercaro a determinare una nuova imprevista svolta nell'ex politico reggiano. Già dall'estate del 1955, secondo la prassi seguita

---

[87] Per questo passaggio rinvio al mio *Cronache da Rossena. Le riunioni di scioglimento della corrente dossettiana nei resoconti dei partecipanti (agosto-settembre 1951)*, in "Cristianesimo nella storia", XXXII (2011), 2, pp. 563-731.

ovunque dai vescovi italiani, Lercaro aveva iniziato a sondare il terreno per capire chi potesse essere il candidato più idoneo per sconfiggere le sinistre al governo della città[88]. E proprio a un carissimo amico di Dossetti, Giuseppe Lazzati, Lercaro aveva scritto: "ci è assolutamente necessario sottrarre ai Comunisti il Comune di Bologna [...] la caduta di questa roccaforte sarebbe per il Soviet italiano un colpo mortale e, se non vedo errato, nella nazione". Lercaro scriveva così di avere pensato di rivolgersi a Dossetti: "più di una volta", osservava, "nella storia del Regno di Dio si cercò nel nascondimento l'uomo chiamato a salvare una situazione..."[89]. Può darsi che, molto semplicemente, Lercaro tentasse di ripetere a Bologna ciò che era avvenuto a Firenze nel 1951: quando Giorgio La Pira (appunto un dossettiano) si era imposto sulla giunta comunista allora al governo della città. Comunque, se Lercaro cercava conforto nel giudizio di Lazzati non lo ebbe: "Eminenza", gli disse quest'ultimo con la consueta lungimiranza, "i borghesi di Bologna voteranno per il sindaco comunista che non temono, mentre hanno una paura matta di Dossetti"[90]. Lercaro non si dette per vinto e impose comunque a

---

[88] Per un inquadramento dell'approccio di Lercaro alle dinamiche politiche bolognesi si vedano ora G. FORCESI, *Il Vaticano II a Bologna. La riforma conciliare nella città di Lercaro e Dossetti*, Il Mulino, Bologna 2011, e G. BATTELLI, *Il Cardinale e la città. Studi su Giacomo Lercaro e la chiesa di Bologna*, il Mulino, Bologna 2022.

[89] *Dossier Lazzati, 12: Lazzati, Dossetti, il dossettismo*, a cura di A. Oberti, AVE, Roma 1997, pp. 77-78.

[90] *Ibidem*, p. 78.

Dossetti l'obbedienza della sua candidatura per le successive elezioni amministrative. Dossetti scriverà molti anni più tardi: "Veramente lo sentii come un disonore. Mi tagliava la faccia: erano poco più di tre anni che ero uscito dalla vita politica in modo solenne e definitivo e vi dovevo rientrare per la porta di servizio, per un pasticcio che approfittava di quel che vi era di più intimo in me, la mia consacrazione al Signore. Era una violenza e una profanazione, una beffa e un assurdo: un'umiliazione feroce del mio orgoglio intellettuale, il ridicolo rispetto alla gente di fuori, un ridarmi in balia dei miei amici politici (Fanfani era allora segretario del Partito) dai quali ero fuggito per riacquistare la mia libertà. La notte mi svegliavo con gli incubi, di vergogna e di orrore"[91]. E la mattina in cui si recò da Lercaro per accettare la candidatura lasciò su uno dei tavoli del Centro di documentazione dove allora lavorava un biglietto, dicendo ai suoi discepoli ed amici che prima di cominciare il lavoro quel giorno leggessero il brano del libro della Genesi in cui si racconta dell'ebbrezza di Noè e del comportamento dei suoi figli che non avevano guardato la nudità del padre ubriaco di vino: Dossetti intendeva cioè dire ai suoi amici del Centro che era cosciente di fare una cosa così vergognosa che era meglio nasconderla.

Al fondo della resistenza di Dossetti alla richiesta di Lercaro non c'era solo la percezione di un atto che contraddiceva le sue più recenti scelte di vita, ma anche la consapevolezza che si trattava di una missione

---

[91] DOSSETTI, *La Piccola Famiglia dell'Annunziata*, cit., p. 23.

impossibile, destinata a un sicuro insuccesso: l'unico vero dubbio era insomma stabilire la dimensione di questo insuccesso e anche questa non era una variabile di poco conto. Per di più, Dossetti aveva dovuto immediatamente fronteggiare la freddezza di Fanfani, che nel novembre '55 gli aveva detto che – Lercaro o non Lercaro – se intendeva candidarsi doveva riprendere la tessera della DC. Ma su questo punto Dossetti si era mostrato irremovibile: forse per tranquillizzare lo stesso Fanfani, che certamente non vedeva di buon occhio il reingresso del suo antico mentore nell'agone politico; o forse per confermarsi nell'idea – invero piuttosto curiosa – che un impegno di carattere amministrativo, in fondo, non poteva essere equiparato del tutto a quello politico su scala nazionale: "Vedo Dossetti", scriveva Fanfani sul suo diario nel gennaio 1956. "È disposto a fare il candidato D.C. di Bologna, ma senza prendere la tessera. Dico che non posso acconsentire senza aver prima sentito la Giunta. Insiste nel dire che egli non intende rientrare nella vita politica, ma solo partecipare alla amministrazione di Bologna, perciò non vuole prendere la tessera che lo ricondurrebbe alla vita politica, definitivamente abbandonata nel 1951"[92].

Ad ogni modo, per quando la propaganda del PCI avesse immediatamente ironizzato sul servilismo di Dossetti nei confronti dell'arcivescovo, che forse pensava di essere ancora il cardinale legato dei tempi dello Stato pontificio, non si può certo dire che la candidatura di

---

[92] Cfr. A. FANFANI, *Diari*, vol. III: *1956-1959*, Rubbettino, Soveria Mannelli 2012.

Dossetti fosse quella di un estraneo alla città. Dossetti, anzi, ne condivideva anche dimensioni esistenziali che molti dei suoi più acerrimi critici neppure immaginavano e che certamente avrebbero avuto un peso nella sua successiva vicenda amministrativa: quasi nessuno sapeva ad esempio della sua scelta di vivere presso una famiglia disagiata nelle case popolari di via del Lavoro, proprio a voler rendere evidente – anzitutto a se stesso – il fatto che la sua scelta di dedicarsi ad una vita di studio non significava esaurire la propria vita tra gli scaffali di una biblioteca distogliendosi da ciò che lo circondava, ma appunto tentare di comprendere con quale sapienza la Chiesa e la città potessero fronteggiare le emergenze che venivano poste loro. Rapido era stato anche l'incontro con Don Olinto Marella e la piccola cappella che questo sacerdote aveva messo proprio nello scantinato di uno dei palazzoni presso cui Dossetti viveva: "E là", scriverà molti anni più tardi, "ho incominciato una preghiera solitaria e silenziosa, soprattutto serale, dalla quale credo siano poi derivati ispirazione e forza per tutti gli sviluppi successivi del mio itinerario"[93]. Un itinerario che comunque, nell'immediato, imponeva a Dossetti di sondare con attenzione il terreno su cui era chiamato a cimentarsi elettoralmente di qui a poche settimane.

Il compito era improbo e nessuno poteva nasconderselo. Anzitutto perché il PCI a Bologna era una realtà profondamente radicata e non solo e non tanto per

---

[93] Cfr. la lettera di Dossetti parzialmente edita in *Padre Marella. Un cappellano pieno di sogni*, Minerva Edizioni, Argelato (BO), 2003, p. 35.

ragioni sociologiche. L'amministrazione comunista aveva saputo fronteggiare con efficacia e competenza la gravissima emergenza della ricostruzione; e non erano stati solo gli organi amministrativi a mobilitarsi, bensì anche la macchina del partito, al punto che era davvero difficile distinguere i meriti dell'una da quelli dell'altra[94]. Si può anche dire che, proprio per la sua estrema compenetrazione nel territorio, il PCI bolognese costituisse a sua volta un partito nel partito, che non di rado entrava in dialettica, da pari a pari, con i vertici romani. Ancora quindici anni dopo la campagna elettorale del 1956, Giuseppe Alberigo, che di Dossetti era amico e che gli era succeduto nel 1962 alla guida del Centro di documentazione, aveva ricevuto dall'allora sindaco Fanti l'offerta di candidarsi nelle liste del PCI. All'obiezione mossa da Alberigo che potevano esserci perplessità da parte dei vertici di Via delle Botteghe Oscure, Fanti aveva replicato placidamente: "sa [professore] lei poi non si deve preoccupare troppo della direzione nazionale [del PCI], perché noi siamo il Partito comunista dell'Emilia"; e aggiunse: "io ho trentadue deputati, il che vuol dire che sono il terzo partito italiano"[95]. Persino Lercaro, nella ricordata Lettera a Lazzati riconosceva che il sindaco Dozza era tutto fuorché un rissoso capobanda e lo definiva "amministratore valido" e "diplomatico

---

[94] L. BALDISSARA, *Per una città più bella e più grande. Il governo municipale di Bologna negli anni della ricostruzione (1945-1956)*, il Mulino, Bologna 1994.

[95] G. ALBERIGO, *Coscienza di un secolo. Le lezioni del 1997 su Giuseppe Dossetti*, a cura di E. Galavotti, ebook FSCIRE, 1, Bologna 2013, p. 270.

finissimo, che con l'apparente bonomia petroniana affascina il popolo e conquista o almeno disarma [...] ceti medi e zone culturali"[96]. In seconda battuta l'incarico affidato da Lercaro e dalla DC a Dossetti si rivelava improbo proprio perché lui era Dossetti. Cioè un uomo che già tra i propri potenziali elettori destava sospetti e incertezze. Di tutto questo – del fatto che ci si avviava ad una sicura sconfitta e del fatto che lui non fosse il candidato più idoneo per tentare di scalzare Dozza da Palazzo d'Accursio – Dossetti era perfettamente consapevole. Una consapevolezza che muoveva anzitutto da una disincantata valutazione del profilo della DC bolognese: decisamente moderata, pesantemente influenzata dagli interessi dei grandi agrari e, di conseguenza, poco incline ad avventurarsi su terreni inesplorati. Di fatto la DC bolognese, rapidamente rassegnatasi a svolgere sino alla fine dei tempi un ruolo marginale, si era ritagliata sin lì un ruolo d'opposizione piuttosto scialbo, quasi da correttrice di bozze: l'allora *leader* dell'opposizione a Palazzo d'Accursio – un rispettabilissimo professionista – si era guadagnato in questo senso il soprannome di "zanzara di Dozza"[97]. Proprio per questi motivi – e proprio perché privo della tessera del partito – Dossetti aveva richiesto che gli iscritti alla DC si riunissero in modo

---

[96] *Dossier Lazzati, 12*, cit., pp. 77-78. Sul percorso politico di Dozza si veda L. LAMA, *Giuseppe Dozza. Storia di un sindaco comunista*, Aliberti, Reggio Emilia 2007.

[97] Così A. ARDIGÒ, *Profezia e realtà del Libro Bianco*, in *Decentramento e partecipazione civica. Atti del Convegno DC, Regione Emilia Romagna, Bologna, 17-18 dicembre 1976*, Edizioni Cinque Lune, Roma 1978, p. 9.

plenario per legittimare la sua candidatura: se avesse ottenuto questo consenso, Dossetti garantiva per iscritto di impegnarsi "fino in fondo, senza riserve di tempo e di energie"[98]. E davvero Dossetti prese a girare in lungo e in largo Bologna, svolgendo comizi nelle località più remote, spesso di fronte a un pugno di partecipanti più curiosi che non coinvolti dal suo messaggio o dai suoi stimoli. Com'è noto si trattò di una campagna elettorale senza esclusione di colpi e che coinvolse anche personaggi del calibro di Togliatti, con il quale Dossetti ebbe un duro scambio che sembrò cancellare la concordia dei tempi della Costituente; a sua volta Dossetti fece calare su Bologna per dargli manforte Antonio Segni e lo stesso Fanfani, a dimostrazione di come davvero il candidato della DC avesse preso sul serio il suo compito. Scriverà in quei giorni "Il Resto del Carlino", forse edulcorando un po' la realtà: "Sotto la guida e l'impulso del suo capolista, Giuseppe Dossetti, la democrazia cristiana sta sviluppando una vasta campagna elettorale, che per l'originalità dei suoi caratteri si stacca, senza dubbio, da qualsiasi precedente. Vivace, ma allo stesso tempo serena, energica ma immune da spiriti polemici"[99].

Fu una campagna elettorale in cui i competitori posero questioni di merito e di metodo di prima rilevanza,

---

[98] Cfr. M. TESINI, *Oltre la città rossa. L'alternativa mancata di Dossetti a Bologna (1956-1958)*, Il Mulino, Bologna 1986, p. 75.

[99] Cit. in L. GIORGI, *Dossetti, Bologna e la cura della città*, in *"Libro bianco su Bologna". Giuseppe Dossetti e le elezioni amministrative del 1956*, a cura di G. Boselli, Diabasis, Reggio Emilia 2009, p. 51.

ma inevitabilmente ricordata e riassunta ancora oggi attraverso episodi marginali, che erano comunque quelli capaci di penetrare maggiormente nel ventre molle dell'elettorato[100]. In una stagione in cui l'espressione *spending review* non esisteva perché era semplicemente la vita quotidiana ad essere modulata su uno standard più consapevole e sapienziale di quello dei decenni seguenti delle risorse generali e particolari a disposizione della comunità e dei singoli nuclei famigliari, Dossetti, anche grazie agli articoli di Indro Montanelli, venne raffigurato come l'uomo che intendeva dare una stretta monacale alla vita dei bolognesi, che li avrebbe magari fatti mangiare con trecento lire a pasto. Dossetti si affrettò, inutilmente, a dichiarare che non era sua intenzione ridefinire la quantità di cibo che i bolognesi dovevano mettere nel loro piatto e affermò testualmente di "non avere mai voluto far vivere la gente alla Gandhi con latte di capra e con un lenzuolo per vestito"[101].

Ma questo genere di polemiche era funzionale a scostare l'attenzione dalle proposte che Dossetti aveva materialmente messo sul tavolo attraverso il suo manifesto programmatico contenuto nel *Libro bianco su Bologna*[102]. L'iniziativa, di per sé, era una volta di più

---

[100] Cfr. A. BARAVELLI, *Bologna 1956: il match Dozza-Dossetti. Strategie di una campagna elettorale*, in "Memoria e ricerca", IX (2001), 8, pp. 145-158.

[101] TESINI, *Oltre la città rossa*, cit., p. 148.

[102] DEMOCRAZIA CRISTIANA, *Libro bianco su Bologna*, Poligrafici il Resto del Carlino, Bologna 1956: ne è disponibile la scansione in formato pdf sul sito http://informa.comune.bologna.it/storiaamministrativa/stories/detail/410112;

indicativa della serietà con cui Dossetti si era accinto alla campagna elettorale. Mentre da un lato Dozza, con l'aiuto di Renato Nicolai, il giornalista de "l'Unità" che l'anno prima aveva scritto insieme ad Alcide Cervi la tragica storia dei sette fratelli Cervi, aveva pubblicato un libro che celebrava i successi della sua amministrazione[103], Dossetti, consapevole di non poter rincorrere Dozza sul terreno delle cose materialmente realizzate per la città, aveva coinvolto alcuni giovani specialisti di varie discipline (tra i quali Beniamino Andreatta, Giuseppe Coccolini, Osvaldo Piacentini e Giorgio Trebbi) per stendere qualcosa di più che non una semplice lista della spesa elettorale, bensì un vero e proprio programma di sviluppo per Bologna negli anni a venire[104]. Dossetti aveva intuito insomma che quello che era il punto di forza di Dozza poteva essere rovesciato nella sua debolezza: quanto più l'amministrazione comunista poteva vantare una serie di risultati positivi, tanto più crescevano un senso di autocompiacimento e la pretesa dell'autosufficienza. Così nel *Libro bianco*, ricorrendo come era solito fare al paradosso, Dossetti scriveva che incontrando quotidianamente i cittadini bolognesi nel corso delle prime settimane di campagna elettorale aveva ricavato "una indicazione e una certezza che nessuna

---

il testo è stato integralmente riedito in *"Libro bianco su Bologna". Giuseppe Dossetti e le elezioni amministrative del 1956*, cit. pp. 61-251.

[103] R. NICOLAI, *Il sindaco e la città*, Editori Riuniti, Roma 1956.

[104] Cfr. A. ARDIGÒ, *Giuseppe Dossetti e il "Libro bianco su Bologna"*, EDB, Bologna 2003.

analisi avrebbe potuto cogliere: cioè l'immobilismo conservatore, […], la mancanza di previsioni, di programmazioni, di inventività e di volontà politica da parte dell'Amministrazione Dozza, [che] non corrispondono per nulla alle possibilità reali del popolo di Bologna: questo ha in sé tesori di energie e di speranze, che i dirigenti comunisti hanno ignorato, sottovalutato, forse volutamente disprezzato"[105].

Dossetti enunciava quindi il principio fondamentale che avrebbe dovuto ispirare l'amministrazione uscita vincitrice dalle elezioni del 1956, ripreso alla lettera da Luigi Einaudi, cioè "conoscere per deliberare", insinuando in questo modo che la tanto celebrata amministrazione Dozza, non avesse tutta quella consapevolezza che vantava dei problemi presenti e futuri di Bologna. Bologna insomma, per Dossetti, era come un gigante addormentato, che attendeva solo di essere svegliato per poter liberare tutte le sue energie e i suoi dinamismi più reconditi. Il *Libro bianco* insisteva sulla necessità di una completa e accurata raccolta dei dati relativi ad ogni settore della vita cittadina; soprattutto lamentava come non si fosse adempiuto sino a questo momento ad una seria indagine di carattere demografico, senza la quale nessun Piano regolatore generale poteva dirsi adeguato alle prospettive di sviluppo della città. Per Dossetti, poi, era evidente che un Piano non poteva essere solo la sommatoria di dati quantitativi, ma doveva essere espressione di un'idea di città ben precisa. La città doveva cioè essere

---

[105] *"Libro bianco su Bologna". Giuseppe Dossetti e le elezioni amministrative del 1956*, cit. p. 63.

pensata e, di conseguenza, progettata come un organismo mosso sì da energie economiche, ma anche da forze culturali e spirituali. Dossetti ricorderà in questo senso in un comizio che Bologna era la città di Irnerio e Accursio, di san Domenico e Graziano, di Galvani e santa Caterina Vigri, dei cardinali Paleotti e Lambertini, di Carducci e di Pascoli: tutto questo patrimonio in che modo veniva considerato e rivivificato nei programmi della giunta di Dozza? Il candidato della DC annunciò dunque che in caso di vittoria alle elezioni avrebbe realizzato, nei tre mesi successivi all'insediamento, una grande indagine di carattere sociologico, che permettesse di analizzare con gradualità e dettaglio i maggiori problemi della città e ne programmasse le migliori soluzioni possibili[106].

Era stato il giovane Achille Ardigò, sempre così sensibile ai modelli di rilevamento anglosassone, a suggerire a Dossetti l'idea dell'indagine: un'idea che si intrecciava con un'altra convinzione profondamente radicata in Dossetti, e cioè che le notizie importanti non fossero mai quelle pubblicate dai giornali, ma quelle racchiuse tanto nelle pieghe della vita quotidiana quanto nelle valutazioni compiute all'interno dei Consigli d'amministrazione delle grandi società. Ardigò, che era stato uno di quei giovani che nella DC, cinque anni prima, aveva in un primo momento tentato di proseguire gli indirizzi politici dossettiani con la costituzione della corrente di Iniziativa democratica, ebbe da Dossetti l'incarico di coordinare la stesura del programma elettorale di

---

[106] TESINI, *Oltre la città rossa*, cit., pp. 125-126.

Dossetti, racchiusa appunto nel *Libro bianco*; e sarà proprio Ardigò a fornire a Dossetti l'idea centrale del *Libro* e della sua campagna elettorale, vale a dire la questione del decentramento e dei quartieri.

Ma da dove nasceva questa proposta? Anzitutto dalla consapevolezza che in un contesto oramai metropolitano come quello di Bologna il concetto di democrazia, per essere qualcosa di più che non una parola, doveva trovare delle forme esplicative concrete. Ardigò si accorse dunque che già l'articolo 155 della legge Comunale e Provinciale del 1915 prevedeva la costituzione di consulte di quartiere per i comuni provvisti di almeno 60.000 abitanti, ma nel suo giudizio come in quello di Dossetti l'applicazione che di questo disposto aveva fatto Dozza era assolutamente insoddisfacente. L'amministrazione Dozza aveva infatti già istituito delle consulte popolari, vale a dire strutture che avevano lo scopo di mediare le perorazioni che dalla cittadinanza dovevano giungere ai vertici del governo municipale, ma in breve tempo queste avevano finito per essere egemonizzate dal PCI, perdendo così la loro stessa ragion d'essere[107]. A detta di Dossetti quella promossa dall'amministrazione Dozza era insomma una partecipazione deformata, viziata da "ispirazioni ideologiche ed espedienti propagandistici"[108]. Le consulte stavano insomma facendo la fine di quei CLN che proprio Dossetti, poco dopo la fine della guerra, aveva voluto fortissimamente sciogliere – e

---

[107] ARDIGÒ, *Profezia e realtà del Libro Bianco*, cit., pp. 10-11.

[108] Cfr. TESINI, *Oltre la città rossa*, cit., p. 127.

questo lo rivendicherà come un merito proprio in un comizio a Bologna del '56 – affinché non diventassero una versione italiana dei *soviet*. Al di là delle singole valutazioni sull'efficacia o meno delle consulte impiantate da Dozza restava effettivamente il dato della difficoltà, per chiunque non appartenesse al PCI, di poter far giungere a Palazzo d'Accursio le proprie istanze. Ardigò ha ricordato a questo proposito un episodio emblematico avvenuto durante la campagna elettorale del '56, quando era intervenuto per un comizio in uno sperduto salone della periferia bolognese e l'unico applauso che aveva ricevuto c'era stato quando, improvvisamente, era andata via la luce e il consenso si era potuto finalmente esprimere senza il timore di doverne poi pagare le conseguenze[109].

Quando era stato un politico di stampo nazionale, Dossetti aveva parlato e scritto più volte della necessità di fondare in Italia una democrazia sostanziale: cioè un ordinamento politico che garantisse un "vero accesso del popolo e di tutto il popolo al potere e a tutto il potere, non solo a quello politico, ma anche a quello economico e sociale"[110]. Un'affermazione apparentemente ovvia, ma che coglieva invece un aspetto cruciale per la vita dell'Italia che era uscita da appena un decennio da una lunga dittatura e da una guerra rovinosa. Dossetti, cioè, chiariva che non si poteva esaurire l'idea di democrazia

---

[109] ARDIGÒ, *Profezia e realtà del Libro Bianco*, cit., pp. 11-12.

[110] *Dossetti giovane. Scritti reggiani: 1944-1948*, a cura di G. Campanini e P. Fiorini, Cinque Lune, Roma 1982, pp. 103-105. Su questo si veda ora G. DOSSETTI, *Democrazia sostanziale*, a cura di A. Michieli, Zikkaron, Marzabotto 2017.

nella periodica chiamata dei cittadini alle urne, ma si doveva progettare e realizzare un sistema in cui la costruzione del consenso politico e la materiale esecuzione delle decisioni avvenissero attraverso meccanismi trasparenti, fondati su una effettiva legittimazione popolare e, in ultima analisi, responsabili di fronte alla collettività. Questo perché per Dossetti la rinascita del fascismo, proprio perché si trattava di un fenomeno storico profondamente iscritto nell'autobiografia italiana, non era solo un'ipotesi teorica, ma una realtà incombente sul futuro della penisola. Persino l'assessore comunista Cenerini, che era un po' il fiore all'occhiello della Giunta Dozza perché era quello che aveva realizzato il pareggio di bilancio, si sentirà ad un certo punto accusare da Dossetti di mostrare un "temperamento psicologicamente fascista"[111]: il che, detto a Bologna (dal 1946 città che si fregiava della medaglia d'oro per meriti resistenziali), in Consiglio comunale a un esponente della giunta a guida PCI (e del PCI bolognese) non era precisamente cosa da poco. Dossetti, dunque, non aveva mutato gli assi di fondo della sua visione politica, ma il vocabolario era, questo sì, sensibilmente mutato. Nel 1956 non parlava né scriveva più di democrazia sostanziale, ma nel *Libro bianco* ricorreva al concetto di "quartiere organico", un'espressione che ricordava molto le prospettive comunitaristiche di un altro personaggio non meno suggestivo di questi anni quale fu Adriano Olivetti.

---

[111] G. DOSSETTI, *Due anni a Palazzo d'Accursio. Discorsi a Bologna, 1956-1958*, a cura di R. Villa, Aliberti, Reggio Emilia 2004, p. 176.

L'idea di Dossetti era ad un tempo semplice ed ambiziosa: realizzando un decentramento della partecipazione politica tanto sul piano civico quanto su quello organizzativo e amministrativo si poteva ottenere il risultato di coinvolgere i cittadini partendo proprio da quelle periferie in cui questa integrazione risultava più difficile per l'assenza delle strutture fondamentali di aggregazione. Dossetti era mosso in questa direzione da una consapevolezza fondamentale: e cioè che Bologna era una città in espansione e quelle che in quel momento venivano chiamate periferie erano destinate entro un tempo brevissimo ad essere più vicine al centro di quanto non si sarebbe potuto immaginare: sarebbero insomma diventate a loro volta dei centri, con una quota di abitanti anche maggiore di quella che viveva all'interno della cinta delle dodici porte. Occorreva allora programmare e non rincorrere questo processo di espansione; e capitalizzarlo facendo in modo che nei quartieri fosse possibile per tutti, anche per coloro che costituivano una minoranza, esprimere istanze che non fossero immediatamente fagocitate dai partiti. Dossetti, insomma, intendeva rovesciare il tavolo: occorreva partire dalle periferie per andare verso il centro. Osvaldo Piacentini, che darà un contributo fondamentale all'elaborazione urbanistica dell'idea di quartiere contenuta nel *Libro bianco*, giudicava che per risolvere scientificamente i problemi di una città come Bologna occorresse essere non meno scientifici nella raccolta dei dati, cominciando a misurare i metri quadrati di terreno che la città utilizzava per ospedali, scuole, giardini e così via. Ebbene, la situazione di Bologna, come quella di molte altre città italiane, era a quest'epoca connotata da una straordinaria carenza di servizi sociali. Giuseppe Campos Venuti, che di Piacentini era amico e che nel 1960 diventerà assessore all'urbanistica del Comune di Bologna, riconoscerà molto più tardi che questa "spaventosa carenza era oggetto di una grave sottovalutazione politica, culturale, civile. Pensate" – diceva Campos Venuti – "che all'inizio degli anni Sessanta, quando fu approvata la riforma dell'obbligo scolastico portato dai 10 ai 13 anni di età, a Bologna fuori dal centro storico c'erano solo due scuole medie inferiori. Cioè i figli di 8 bolognesi su 10 – e in generale i figli delle classi popolari – se volevano frequentare la prima media inferiore, dovevano muoversi di casa alle sei del mattino per arrivare in tempo alle scuole del centro"[112].

Così com'era formulata nel *Libro bianco*, la proposta dei quartieri avanzata da Dossetti aveva dunque almeno due finalità. C'era anzitutto un obiettivo di carattere urbanistico. La realizzazione dei quartieri avrebbe cioè implicato necessariamente una riprogrammazione dello sviluppo fisico della città, che non si sarebbe più mosso nella direzione di una dilatazione a macchia d'olio, ma che avrebbe trovato appunto nei vari quartieri il proprio centro ordinatore. Ma questa proposta, nel 1956, si scontrava con problemi di non poco conto: anzitutto con la voracità degli imprenditori edili che nella seconda metà degli anni Cinquanta stavano davvero mettendo –

---

[112] Cfr. G. CAMPOS VENUTI, *La battaglia professionale, culturale e politica*, in *Senza stancarsi mai. Scritti di un cittadino diacono*, a cura di S. La Ferrara, Diabasis, Reggio Emilia 1999, p. 197.

per parafrasare il titolo di un celebre film – le loro mani sulle città italiane. Bologna, fortunatamente, grazie alla vigilanza dei suoi amministratori non ha conosciuto gli scempi compiuti a Roma dalla famigerata Giunta Cioccetti; nondimeno occorreva decidere in che modo programmare lo sviluppo urbanistico che inevitabilmente scaturiva dallo spopolamento delle campagne. Il secondo problema che si poneva di fronte alle proposte di Dossetti era dato dall'imminente approvazione del nuovo Piano regolatore generale: la proposta dei quartieri ne avrebbe infatti imposto un immediato ripensamento, perché si sarebbe appunto dovuta individuare un'area pubblica (il che significava acquistarla da un privato e non a modico prezzo) in cui realizzare le strutture di quartiere.

Una seconda finalità della proposta dei quartieri investiva un livello che possiamo definire comunicativo. Occorreva cioè operare affinché, sin dal livello della periferia, la relazione tra Comune e cittadini e cittadini tra di loro fosse depurato dal filtro della mediazione di partito. Le consulte allora dovevano essere prontamente attivate nella casa comunale del quartiere, accanto all'aggiunto del sindaco; le consulte dovevano quindi essere capaci di programmare e realizzare l'incontro e il coordinamento di quegli enti ed associazioni che già stavano operando sul territorio per migliorare la vita dei quartieri; queste consulte poi, assumendo la prospettiva del *Libro bianco* della realizzazione di uno spazio non manipolabile dalla politica, dovevano occuparsi di opere pubbliche, assistenza, sanità, igiene e giovani. La casa comunale (o centro civico) avrebbe infine dovuto diventare il perno della vita sociale di quartiere: accanto alle strutture comunali decentrate si dovevano concentrare qui i servizi anagrafici e tributari, le forze di polizia, gli ambulatori, spazi per la lettura e per altre attività educative.

In ultima analisi la struttura dei quartieri immaginata da Dossetti muoveva da una preoccupazione ben precisa. Quella cioè di incanalare in modo virtuoso la fase di profonda trasformazione sociale in atto dalla fine della Seconda guerra mondiale; una trasformazione che si esprimeva anche attraverso lo sfaldamento dei più antichi vincoli sociali (la famiglia, la parrocchia, il paese). Occorreva allora per Dossetti impiantare strutture che, accanto e al di là dei partiti, consentissero il permanere di un senso comunitario che egli giudicava fondamentale e che permettessero in particolare a quelle migliaia di futuri cittadini bolognesi che si sarebbero presto insediati in città di non rimanere degli estranei che coltivavano la nostalgia dei luoghi di provenienza o che, ancora peggio, coltivassero l'estraneità come un valore. In Dossetti dunque – e in questo si osservava indubbiamente una differenza rispetto ai suoi competitori elettorali – non agiva semplicemente una preoccupazione assistenzialistica. A lui era particolarmente caro il concetto di "consorzio", cioè di una realtà organica in cui ciascuno era tenuto a partecipare non tanto per trovare una forma di sollievo a un disagio personale, ma davvero per conferire qualità al vivere comune mediante il contributo della propria soggettività e delle proprie ricchezze intellettuali e professionali.

Ma questo programma non ebbe, almeno nell'immediato, alcun seguito. Come ampiamente previsto, Dossetti perse – e perse male – le elezioni amministrative del 1956. Rispetto alle politiche del 1953 il PCI conquistò il 10% dei voti in più, mentre la DC arretrò del 3%. Le ragioni di questo insuccesso erano diverse, ma non c'è dubbio che una di queste stava nella serietà delle proposte messe sul tavolo da Dossetti con il *Libro bianco*. Una parte consistente dell'elettorato moderato si era resa perfettamente conto che con Dossetti sindaco sarebbero dovute necessariamente mutare molte cose e aveva preferito schierarsi dalla parte di Dozza, che si era mostrato decisamente più rassicurante. Va anche detto che forse, proprio perché consapevole che la sua sarebbe stata comunque una battaglia persa, Dossetti non era andato troppo per il sottile ed aveva formulato effettivamente un programma esigente. Un programma che però, secondo qualcuno, proprio per ciò che riguarda il tema dei quartieri, non teneva nel debito conto (o forse sperava di controllare) quel vasto processo di omogeneizzazione a cui andava incontro la società italiana proprio a partire dagli anni Cinquanta, favorito dalla crescita dei consumi, e dalla diffusione dell'automobile[113].

Quali che siano le valutazioni che a posteriori si potevano e si possono fare della campagna elettorale del 1956 e dei programmi che la connotarono, resta il fatto che il *Libro bianco* non finì nel cestino o nel dimenticatoio: anzi. Subito dopo la sua rielezione a sindaco Dozza fece sì qualche cenno al tema dei quartieri, ma senza darvi immediatamente seguito. Solo a partire dalla celebre conferenza regionale che il PCI tenne nel giugno del 1959, la questione tornò d'attualità. Perché in questa occasione vennero alla luce alcune perplessità che il

---

[113] Così TESINI, *Oltre la città rossa*, cit., p. 125.

comitato centrale del PCI nutriva riguardo all'efficacia della linea amministrativa seguita sino a questo momento dal partito in Emilia Romagna rispetto al tema delle autonomie locali. Cominciò così ad emergere una nuova leva di politici ed amministratori (tra gli altri Fanti, Zangheri, Lorenzini e Soldati) che prese a muoversi risolutamente in due direzioni: da una parte per promuovere la costituzione dell'ente Regione e dall'altra per impiantare nuovi organismi di partecipazione locale assecondando proprio le linee fondamentali tracciate da Dossetti nel *Libro bianco*. Il punto di partenza di questo processo per l'istituzione dei quartieri si avrà con la delibera che il Consiglio comunale di Bologna adotterà il 21 settembre 1960[114].

Da quasi due anni, però, Dossetti non sedeva più tra gli scranni del Consiglio comunale. Nel marzo 1958 aveva presentato le sue dimissioni motivandole con il desiderio, prontamente accolto dal cardinale Lercaro e più tardi facilitato da papa Giovanni, di diventare sacerdote. Il suo distacco dalla politica diventerà da questo momento irreversibile, ma non diminuirà mai la sua vigilanza sulla realtà circostante. Nondimeno, nel discorso pronunciato nel 1986 in occasione del conferimento dell'Archiginnasio d'oro si concesse con tutto il garbo che l'occasione esigeva, un piccolo autoriconoscimento che toccava proprio l'applicazione dei progetti del *Libro bianco*: "Ho subito delle sconfitte, questo è chiaro,

---

[114] Su tutti questi passaggi si veda *I quartieri e il decentramento. Bologna, 1956-1975*, Fondazione Cassa di Risparmio in Bologna, Bologna 2004, pp. 48-69.

Bologna lo sa", disse Dossetti trent'anni dopo la sua mancata conquista di Palazzo d'Accursio. E aggiunse: "sconfitte che poi forse sono state anche in un certo modo delle mezze vittorie"[115].

---

[115] DOSSETTI, *Con Dio e con la storia*, cit., p. 28. Sull'impatto di questo intervento si veda ora G. DOSSETTI, *L'eterno e la storia. Il discorso dell'Archiginnasio*, a cura di E. Galavotti e F. Mandreoli, EDB, Bologna 2021.

L'IMPORTANZA DEL "LIBRO BIANCO" NELL'URBANISTICA RIFORMISTA DI BOLOGNA DEGLI ANNI '60

di Pietro Maria Alemagna

> *"…ma la cultura amministrativa era antiquata e a Bologna poco si era accorta delle novità contenute nel Libro Bianco di Dossetti del 1956, peraltro non avvertite dagli elettori, forse perché mai praticate dalla stessa Democrazia Cristiana. La Conferenza regionale comunista del 1959, senza ammetterlo, raccolse la sfida dossettiana e i suoi primi effetti concreti furono un diffuso cambio della guardia fra i sindaci comunisti della Liberazione."*[116]

Parto da questa affermazione di Giuseppe Campos Venuti, assessore all'urbanistica dal 1960 al 1966, per iniziare questa mia riflessione sull'importanza del "Libro Bianco su Bologna" nell'urbanistica riformista di Bologna degli anni '60.

A tale proposito credo utile fare il punto sulla situazione della pianificazione urbanistica a Bologna, prima dell'arrivo di Giuseppe Dossetti, per meglio comprendere con cosa si confronta il "Libro Bianco su Bologna" del 1956.

---

[116] G. CAMPOS VENUTI, *Un bolognese con accento trasteverino. Autobiografia di un urbanista*, Pendragon, Bologna, 2011, pp. 40-41.

L'urbanistica a Bologna fino al 1955

Bologna all'inizio degli anni '50 aveva ancora in vigore il primo Piano regolatore del 1889, prorogato poi di 25 anni nel 1929, dove, in estrema sintesi, si anticipava la demolizione delle mura del Trecento, si prevedevano gli sventramenti della via Mercato di Mezzo (via Rizzoli), quelli della zona poi diventata universitaria e le espansioni urbane fuori le mura ed in particolare quella degli insediamenti popolari a nord (la Bolognina).

Nel 1938, proprio alla vigilia della seconda guerra mondiale, viene indetto un concorso per il nuovo Piano regolatore generale da cui escono vincitori 5 progetti con, al primo posto, il gruppo romano capeggiato da Plinio Marconi.

> *"Nei piani presentati sono contenute idee ...: ad esempio lo spostamento a sud, verso le colline, dello sviluppo residenziale, in una zona più salubre e gradevole, l'edificazione di città satelliti, per contrastare l'espansione a macchia d'olio della città, la creazione di un anello viario tangenziale, lo spostamento a nord del nodo ferroviario"[117]*

Nel 1939 i gruppi vincitori e l'Ufficio tecnico comunale ricevono l'incarico di elaborare il nuovo PRG, coordinati da Plinio Marconi, ma in pratica verrà predisposto solo un Piano particolareggiato di alcune zone del centro cittadino, sospeso poi nel 1941 dal Ministero dei

---

[117]   www.storiaememoriadibologna.it/progetto-per-il-piano-regolatore-generale-1938.

Lavori pubblici con l'arrivo della guerra. Alla fine del 1944 l'ultimo podestà di Bologna Mario Agnoli, fascista ma certamente buon amministratore, mentre cadevano ancora le bombe sulla città si dedica allo studio di un nuovo Piano regolatore con l'elaborazione di un Piano di massima che prevede lo sviluppo preminente della città in senso lineare, la creazione di quartieri esterni, il decentramento della stazione ferroviaria e una rete viaria per i diversi traffici principali che non attraversa il centro cittadino.[118]

Contemporaneamente, all'inizio dell'anno 1944, un gruppo di giovani architetti: Giorgio Giovannini, Giuseppe Mazzanti, Luigi Vignali, Gildo Scagliarini e l'Ing. Giorgio Pizzichini, si riunisce in un alloggio in via Belle Arti per fondare il gruppo redazionale del «Piano regolatore clandestino della città di Bologna » con l'obiettivo di formulare una proposta in antitesi a quella che gli uffici comunali stavano redigendo.

La capacità massima prevista dal Piano è di 900.000 unità. Le zone di espansione e di sviluppo della città si attuano mediante la fondazione di « città satelliti autosufficienti » separate dalla città da zone di verde agricolo.

Lo schema viario resta quello del piano proposto nell'anteguerra da Plinio Marconi centrato su una grande arteria di scorrimento esterna circa sul tracciato dell'attuale tangenziale.

La proposta esclude il centro storico dalla grande

---

[118] MARIO AGNOLI, *Bologna "Città aperta"*, Tamari Editori in Bologna, 1975, pp.74-76.

viabilità anche se prevede un'anello viario lungo la cinta muraria del Mille sfruttando molti dei varchi aperti dai bombardamenti in quella parte.

Si pensa fra l'altro di spostare la stazione in asse con via Marconi, facilitando con un nuovo ponte ed un sottopasso il collegamento viario con la zona a Nord e di realizzare una nuova zona Universitaria nell'area sottostante San Michele in Bosco (oggi: ex Staveco).[119]

A guerra finita il sindaco Dozza chiama tutta la popolazione a partecipare alla ricostruzione della città. Dopo una mostra, indetta nel luglio del 1945, di tutti gli studi urbanistici fino allora predisposti, compreso quello di Agnoli (come si legge nella relazione del piano approvato poi il 18 aprile 1958), si dà l'incarico alla direzione dei servizi tecnici del Comune di studiare un nuovo PRG ed un Piano di ricostruzione dei quartieri maggiormente colpiti con la consulenza di un'apposita commissione di cui fanno parte l'Arch. Vignali e l'Ing Pizzighini, autori del « Piano regolatore clandestino », insieme all'Arch. Scagliarini che viene assunto quale funzionario addetto al Piano sotto la direzione del nuovo Ingegnere capo Fantoni.

Sullo studio sommario del nuovo Piano effettuato nel 1946 viene poi predisposto nel 1947 il Piano di ricostruzione che viene approvato nel 1948.

---

[119] STEFANO ZIRONI, a cura di, *Luigi Vignali architetto. Materiali d'opere e di memorie da leggere e da vedere,* Grafis edizioni, Bologna, 1994, pp. 12-13.

Fra il 1952 ed il 1955 si procede con l'elaborazione del nuovo Piano regolatore da parte di una commissione consultiva di cui, oltre ai suddetti tecnici, fa parte come consulente anche Plinio Marconi vincitore del concorso del 1938.

Il nuovo Piano, da alcuni poi chiamato « scellerato » e, come vedremo, fortemente criticato dal Libro Bianco di Dossetti, viene adottato il 12 Ottobre 1955 e approvato il 18 aprile 1958.

Esso prevede innanzi tutto un incremento della popolazione da 600.000 fino a 1.000.000 di abitanti.

> *"Quando tutti i quartieri esistenti e delle zone d'espansione saranno saturi potrà esservi ospitata una popolazione di 1.000.000 di abitanti circa."*[120]

Prevede poi un'espansione a macchia d'olio della periferia con quartieri autonomi, dotati di qualche servizio, di 8.000 /12.000 abitanti. Si prevedono anche espansioni residenziali sulla collina.

> *"Per i nuovi quartieri d'espansione il Piano stabilisce la sola densità territoriale nonché la loro organizzazione differenziata a quartieri autonomi."*[121]

> *"Il Piano prevede la valorizzazione della collina anche e soprattutto ai fini residenziali, però con le dovute cautele e limitazioni atte a tutelare le sue*

---

[120] PIANO REGOLATORE GENERALE DELLA CITTA DI BOLOGNA, Relazione, Bologna 1955, p. 46.

[121] PIANO REGOLATORE GENERALE DELLA CITTA DI BOLOGNA, Relazione, Bologna 1955, p. 37.

caratteristiche panoramiche."[122]

Gli insediamenti di edilizia popolare dell'INA-Casa e dello IACP sono collocati nella estrema periferia. Nel centro storico, si prevedono sventramenti e rettificazioni di strade in prossimità delle mura del Mille. Si prevede infine nella periferia nord la costruzione di un nuovo quartierte fieristico e, forse unica previsione centrata, una nuova circonvallazione esterna dove una decina d'anni più tardi sarà costruita la tangenziale complanare.

Un Piano in definitiva che era la conclusione di un itinerario vecchio e che partiva da un approccio che trovava le sue radici nella cultura urbanistica dell'anteguerra.

Giuseppe Dossetti

È proprio nel momento in cui il nuovo Piano è adottato (12 Ottobre 1955), che il Cardinale Lercaro chiede a Giuseppe Dossetti di candidarsi a sindaco di Bologna alle elezioni amministrative del maggio 1956.

La storia politica di Dossetti, con un passato nella Resistenza, nasce il 2 giugno 1946 quando viene eletto all'Assemblea Costituente nella lista democratico-cristiana, per la circoscrizione Parma-Modena-Piacenza-Reggio Emilia, dopo una campagna elettorale che l'aveva visto impegnato a favore della scelta repubblicana.

---

[122] PIANO REGOLATORE GENERALE DELLA CITTÀ DI BOLOGNA, Relazione, Bologna 1955, p. 39.

Nell'Assemblea fa parte della commissione «incaricata di elaborare e proporre il progetto di Costituzione». Viene in seguito eletto alla Camera dei deputati il 18 aprile 1948. Il 18 giugno 1952 Dossetti si dimette dalla Camera dei deputati e dal 1953 lascia Reggio Emilia e si stabilisce a Bologna dove fonda, in via San Vitale 114, l'Istituto per le scienze religiose (inizialmente chiamato "Centro di documentazione"), un istituto di ricerca a carattere scientifico nel campo delle scienze religiose.

Benché "distrutto" dalla proposta ed assolutamente contrario, Dossetti accetta infine la richiesta del Cardinale Lercaro di candidarsi a sindaco di Bologna. Quest'ultimo gli aveva "imposto" questo impegno elettorale proprio per la sua attività di rinnovamento ecclesiale.

Il "Libro Bianco su Bologna" a cura di Achille Ardigò

Dossetti prende questo "obbligo" con grande impegno e dà l'incarico al giovane sociologo Achille Ardigò di redigere un documento programmatico che diventa poi "Il Libro Bianco su Bologna" che si avvale di contributi importanti come quello dell'economista Beniamino Andreatta, dell'architetto Giorgio Trebbi e, soprattutto per l'argomento che più ci riguarda, dell'urbanista reggiano Osvaldo Piacentini, fraterno amico e conterraneo di Dossetti.

L'obiettivo principale era quello di proporre un programma fondato sull'"*autogoverno dei cittadini di uno stesso quartiere*", che desse una svolta al "*conservatorismo rosso*" della città.

Il confronto si attua in tante piazze, specie in periferia, con una grande partecipazione di giovani e giovanissimi.

Il Libro Bianco viene pubblicato in: GIUSEPPE DOSSETTI et aa., *Libro bianco su Bologna* a cura della Democrazia cristiana, Tip. il Resto Del Carlino, Bologna, 1956.[123]

Il testo comprende 170 pagine con il seguente indice che da solo serve a descriverne la filosofia e gli obiettivi:

INDICE
Prefazione, III
Parte prima
CONOSCERE PER DELIBERARE
Sez. I — Conoscere la città, 3
Sez. II — Come i cittadini possono collaborare alla formazione del programma annuo di attività comunale, 11
Parte seconda
RIANIMARE IL VOLTO SPIRITUALE DELLA CITTÀ
Sez. I — I «fondamenti, 17
Sez. II — I grandi problemi da risolvere, 28
     a) Rianimare il volto urbanistico della città, 79
     b) Riassetto urbanistico e sociale della periferia ed espansione della città per quartieri organici, 31
     c) Risvegliare l'interesse per la cultura e per l'arte mediante attività periferiche di educazione popolare e iniziative artistiche, 33
     d) Valorizzare l'Università anche per lo sviluppo cittadino, 37
     Sez. III — Curare le nuove generazioni, 45
     Sez. IV — Manifestare la gratitudine della città per le persone anziane, 55

---

[123]   http://www.comune.bologna.it/storiaamministrativa/media/files/libro_bianco_su_bologna.pdf

Tutti i punti trattati dal Libro Bianco hanno a che fare con l'urbanistica e la pianificazione ma in particolare ritengo utile soffermarmi sui cinque che considero di maggior novità e stimolo rispetto a come, attraverso il

PRG del 1956, la Giunta Dozza intendeva affrontare il futuro della città:

1. La conoscenza della realtà cittadina
2. La partecipazione dei cittadini alle scelte dell'Amministrazione comunale
3. Il riassetto urbanistico e sociale della città per quartieri organici
4. Il decentramento amministrativo nei quartieri
5. Il ruolo centrale dell'edilizia popolare

Forte è l'impronta sulle proposte trattate in questi punti, oltre che di Achille Ardigò, dell'architetto Osvaldo Piacentini da sempre particolarmente attento alle componenti sociali e umane nelle scelte urbanistiche.[124]

Sempre per i temi di nostro interesse specifico va ricordato pure il contributo dell'architetto bolognese Giorgio Trebbi.

Infine è doveroso segnalare la presenza nel gruppo di redazione dell'economista Beniamino Andreatta cui si deve l'elaborazione dei capitoli relativi alla politica di bilancio e agli investimenti produttivi.[125]

Alla base di questa politica si poneva la necessità di

---

[124] PIER GIORGIO MASSARETTI, *Il contributo di Osvaldo Piacentini al libro bianco di Giuseppe Dossetti (Bologna, 1956)*, in L'arte di far vivere gli uomini, l'urbanistica sociale della Cooperativa Architetti e Ingegneri di Reggio Emila dai documenti dell'Archivio Piacentini, Biblioteca Panizzi Edizioni, Reggio Emilia, 2018.

[125] Libro Bianco, Parte terza, Sez. 3.

ampliare gli investimenti pubblici, fino ad allora costretti nella rigida gabbia del pareggio di bilancio, attraverso una più vigorosa politica di sviluppo industriale. Questo diventerà l'altro importante campo di intesa fra maggioranza ed opposizione dopo quello della riforma del decentramento nei quartieri.

Osvaldo Piacentini e il Libro Bianco

L'architetto Osvaldo Piacentini, fraterno amico e conterraneo di Dossetti, fin dagli inizi degli anni '50 aveva assunto un ruolo "carismatico" nella storica Cooperativa Architetti e Ingegneri di Reggio Emilia già operante dal 1947 come "Studio cooperativo di costruzioni civili".

Giuseppe Dossetti parlando del Libro Bianco per le elezioni amministrative di Bologna del 1956, dice:

> *"Osvaldo ne fu uno dei principali collaboratori e vi diede – da urbanista – il meglio di sé, nella prospettiva non di una improbabile "conquista" della città, ma di un contributo pensoso e leale alla crescita della vita comune. Fu sua la proposta, prima in Italia, della articolazione della città in quartieri dotati di una autonomia consistente e strutturati in una armoniosa comunione senza barriere. Per la sua esemplarità precorritrice (si pensi a più di 30 anni fa) era un atto qualificato, politico, della migliore e più duratura politica."*[126]

---

[126] Questo intervento di Giuseppe Dossetti è stato presentato il 2 dicembre 1988 al Convegno su O. Piacentini

Il Libro Bianco e l'Urbanistica

1.   La conoscenza della realtà cittadina

Il Libro Bianco parte con la denuncia rivolta a tutta la città, e non solo all'Amministrazione, della mancanza di conoscenza della realtà cittadina che invece deve essere alla base di tutte le scelte, e a tale proposito fa esplicitamente riferimento, come esempio più significativo, al nuovo Piano regolatore della città:

"L'esempio più significativo è quello del Piano Regolatore della città che visibilmente porta tutti i sintomi di un piano tracciato senza nessuna precedente indagine di ordine economico e sociologico: persino il dato demografico più elementare, cioè quello del prevedibile sviluppo della popolazione, è presupposto dal Piano Regolatore senza nessun tentativo di giustificazione, anzi con grave incertezza: infatti a pag. 12 e 21 della Relazione si assume a base del nuovo tracciato di espansione la previsione che in 30 anni la città salga a 500.000-600.000 abitanti mentre per il verde pubblico la Relazione del Piano prende come termine di previsione una città di 1.000.000 di abitanti.

Nessun discorso è neppure lontanamente accennato circa lo sviluppo industriale della città, circa il rapporto città-campagna, circa la funzione regionale

---

organizzato dalla sezione regionale dell'Istituto Nazionale di Urbanistica (INU). Pubblicato in O. PIACENTINI, "Senza stancarsi mai – scritti di un cittadino diacono", Edizioni Diabasis, Reggio Emilia, 1999.

e interregionale di Bologna, come, in altro senso, circa le analisi sociologiche che dovrebbero giustificare l'articolazione e la riorganizzazione dei quartieri residenziali, la quale è letteralmente tracciata sulla carta senza nessuna connessione con l'andamento reale della vita cittadina e con le preferenze e inclinazioni accertate della popolazione."[127]

Dice ancora il Libro Bianco a proposito del problema della conoscenza:

"Ma c'è di più", al di là delle negligenze degli attuali amministratori, v'è per essi, come per qualunque altro, ormai una impossibilità reale di pervenire alle conoscenze indispensabili, se non si battono strade totalmente nuove e non si adottano criteri e metodi di indagine proporzionati allo sviluppo raggiunto dalle attuali conoscenze sociologiche."[128]

E ancora, sempre con riferimento al Piano regolatore:

"Una conoscenza organica, come per esempio ha supposto il nuovo Piano Regolatore, non è la somma di tante relazioni tecniche e compilate burocraticamente sul sistema della viabilità, come sul catasto urbano, sulla composizione e aumento della popolazione, sul numero e organizzazione delle aziende autonome, sul numero dei malati, dei poveri, dei disoccupati, degli sfrattati, come sul numero degli automezzi in transito per una data porta della città.

---

[127] Libro Bianco, pp. 4-5.
[128] Libro Bianco, p. 5.

È l'organizzazione di queste e di molte altre conoscenze, riferite le une alle altre secondo una concezione della città come organismo che si sviluppa per il combinarsi spontaneo di migliaia di iniziative, di volontà, di relazione tra persone. In questo modo, fare un Piano Regolatore significa creare altrettante tensioni e stimoli in questo organismo morale che è la città, correggere debolezze e difetti costituzionali o di un periodo. Ma allora occorre non solo una precisa, adeguata idea e volontà politica, cioè sintetica, circa l'organizzazione e lo sviluppo delle funzioni da promuovere e circa l'importanza delle varie parti dell'organismo cittadino, ma anche una conoscenza delle tendenze evolutive già in atto, delle esigenze più avvertite da parte della popolazione, delle forze spirituali, economiche e culturali cui, di fatto, il futuro della città, entro e fuori gli schemi del Piano regolatore è affidato. Di qui la necessità di ricorrere a un tipo di conoscenza non tecnico-burocratica né comunque astratta, ma sperimentale della vita cittadina col metodo delle grandi indagini sociali." [129]

"Del resto un'inchiesta a direzione sociologica avrebbe dovuto precedere la formulazione del Piano generale regolatore vero e proprio, secondo gli orientamenti più validi e moderni della stessa disciplina urbanistica." [130]

---

[129] Libro Bianco, p. 7.
[130] Libro Bianco, p. 8.

È su questa riflessione che si precisa il primo punto del programma di Dossetti con un impegno formale a

"proporre entro tre mesi dalle elezioni, in termini definiti e scientificamente giustificati, una grande indagine sociale sulla comunità di Bologna"[131]

da farsi con l'aiuto dei servizi demografici e tecnici del Comune e con la collaborazione di qualificati sociologi, di assistenti sociali e sanitari e del più gran numero possibile di professori e studenti dell'Università.

Questo è senza dubbio un forte stimolo innovativo nelle prassi di lavoro dell'Amministrazione comunale che lasciava questo supporto di conoscenza alle tradizionali reti dei rapporti in particolare con la base elettorale. Di fronte a questa ultima prassi, condizionata certamente dalle ideologie politiche, l'impegno di Dossetti è quello dell'unica dipendenza dalla *"verità"*.

"Senza addentrarci nell'originalità e nelle specificità storiche della campagna elettorale di Giuseppe Dossetti per la guida del comune di Bologna nel 1956 contro il sindaco comunista Giuseppe Dozza che aveva fatto della Stalingrado d'Italia una città-modello per le politiche sociali sul Libro Bianco va detto che esso rappresenta un primo e potente esempio di osservatorio diagnostico e programmatico sulle modalità di appropriazione dello spazio urbano da parte dei cittadini. Il Libro Bianco costituì il prodotto di uno staff di giovani intellettuali la cui funzione di coordinamento e di guida fu assunta dal sociologo Achille Ardigò. Un programma di lavoro e di

---

[131] Libro Bianco, p. 8.

mobilitazione, tra i primi ad introdurre nella prassi amministrativa italiana la diagnostica, con la proposta di un'indagine sociale per comprendere le reali esigenze della cittadinanza. Lo slogan principale della campagna dossettiana fu: "Conoscere per deliberare".[132]

2. La partecipazione dei cittadini alle scelte dell'Amministrazione comunale

Questo tema viene affrontato nel Libro Bianco nella Parte prima (CONOSCERE PER DELIBERARE Sez. II — Come i cittadini possono collaborare alla formazione del programma annuo di attività comunale), ed ha un seguito logico nella Parte terza (CONDIZIONI E PROSPETTIVE PER UNA NUOVA, CORAGGIOSA E RESPONSABILE AMMINISTRAZIONE CIVICA Sez. II — Le riforme nell'organizzazione del Comune, c) Decentramento organizzativo degli uffici comunali di quartiere, 109)

"Conoscere è necessario ma non basta. Dalla conoscenza occorre poi passare alle scelte e alle decisioni. Ora, se è importante il modo di conoscenza perché questa sia adeguata alla realtà, non meno importante è il modo di decisione perché esso sia il più possibile conforme alla volontà dei cittadini ed efficacemente ne orienti e ne avvalori gli impulsi migliori, le energie più sane e edificatrici. A questo proposito la

---

[132] MARZIA MACCAFERRI. *Dalla razionalizzazione del territorio ai limiti dello sviluppo: la pianificazione sociale ed ambientale di Osvaldo Piacentini*, in "Altronovecento" rivista on line promossa da Luigi Micheletti, 1° dicembre 2009.

> *Democrazia Cristiana formula e assume il suo secondo impegno programmatico, cioè quello di promuovere e sviluppare un modo di scelta e di deliberazione da parte dell'Amministrazione che, senza snaturare i principi e le strutture cardine dell'ordinamento giuridico italiano e della legislazione in materia, ma anzi realizzando già alcune potenzialità espresse dalla legislazione comunale (si veda l'art 155 della Legge Comunale Provinciale), consenta la più larga e viva partecipazione possibile a tutti i cittadini, considerati come articolazioni organiche della città.* "[133]

Nasce così l'altra importante proposta programmatica contenuta nel Libro Bianco, certamente la più conosciuta anche se, secondo me, non la sola importante, che è quella di promuovere un modo di scelta e di deliberazione da parte dell'Amministrazione attraverso la più larga e viva partecipazione possibile di tutti i cittadini.

Il tema della partecipazione dei cittadini non era certamente nuovo a Bologna. Fin dall'inizio del suo primo mandato, Dozza aveva perfettamente capito che non bastava il partito a garantire il consenso e il rapporto con i cittadini ma che occorreva una sede in cui questo potesse farsi in maniera aperta e diffusa. Erano nate così nel 1947 le "consulte popolari cittadine" non sulla base di un provvedimento istituzionale ma attraverso atti informali ispirati dalla giunta e dai partiti, comunista e

---

[133] Libro Banco, p. 11.

socialista, che la componevano. Alla consulta partecipano le persone più in vista ed attive del "rione" in cui essa si era formata (non si parla ancora di "quartieri" che nasceranno dopo). La consulta finisce per essere lo strumento di trasmissione delle decisioni della Giunta ai cittadini perché questi esprimano le richieste che ne possono conseguire.

Le consulte sono la prima forma partecipativa a Bologna che poi verrà rilanciata ed aggiornata negli anni '60 proprio sulla base delle proposte che Dossetti avanza nel suo Libro Bianco.

> *"Ma soprattutto il Libro Bianco fu un futuro modello per la politica di piano, grazie alla lungimirante intuizione di Osvaldo Piacentini di suddividere l'area urbana in quartieri. La riconfermata giunta Dozza fece propria questa proposta avviando così la prima di una serie di sperimentazioni che confluiranno nella Legge nazionale 278 dell'8 aprile 1976 sul decentramento e sulla partecipazione dei cittadini nell'amministrazione del comune, la quale istituì i consigli circoscrizionali."*[134]

3. Il riassetto urbanistico e sociale della città per quartieri organici.

Ed è certamente Osvaldo Piacentini che maggior-

---

[134] MARZIA MACCAFERRI. *Dalla razionalizzazione del territorio ai limiti dello sviluppo: la pianificazione sociale ed ambientale di Osvaldo Piacentini*, in "Altronovecento" rivista on line promossa da Luigi Micheletti, 1 dicembre 2009.

mente incide sull'altro importante impegno del programma: il riassetto urbanistico e sociale della città per quartieri organici. Tale impegno si basa sulla convinzione che questo riassetto deve partire da una reale e sistematica consultazione dei cittadini per ciascun quartiere a partire da quelli periferici.

Nel capitolo "Rianimare il volto urbanistico della città" si critica fortemente come nella Relazione del Piano regolatore generale in discussione si faccia solo un cenno alle scelte ideali e politiche che debbono stare alla base di ogni possibile intervento in materia urbanistica ed edilizia, dedicando *"solo sei righe"* ai valori della città storica e anche della prima periferia,

> *"Neppure il più lontano tentativo di ricavare da questi così detti "valori ambientali" delle indicazioni normative per lo sviluppo della Città."*[135]

Nel procedere del capitolo c'è poi una *"denuncia energica"* delle scelte sbagliate dell'Amministrazione Dozza sugli orientamenti assunti in tema di espansione urbana tali che

> *"...non solo la vecchia città dovrà sopportare mutilazioni che ne altereranno definitivamente la fisionomia ma-cosa a nostro parere ancora più grave- se ne distruggerà lo spirito."*[136]

Da queste critiche su

---

[135] Libro Bianco, p. 29.

[136] Libro Bianco, p. 31.

> *"…la città che si è ingrossata e allungata a macchia d'olio, senza molto riguardo per le esigenze primarie della vita di quartiere."*[137]

parte la proposta di un riassetto urbanistico e sociale della periferia ed espansione della città per quartieri organici, dotati di tutti i servizi utili a favorire i rapporti sociali e la formazione di una vera comunità con una particolare attenzione ai luoghi attraverso cui risvegliare l'interesse per la cultura, l'arte e l'informazione:

> *"Non dunque città satelliti ma quartieri organici, cioè tali per composizione sociale pluriclasse e per servizi e beni di interesse pubblico, tali da favorire in essi la collaborazione dei cittadini alle scelte fondamentali dell'Amministrazione civica e da ridurre gradualmente – col crescere della città – l'affluenza al vecchio centro per incombenze quotidiane minori delle famiglie. Solo così il centro storico di Bologna potrà assolvere anche negli anni a venire la sua funzione, per tutta la città, di centro dei traffici e delle manifestazioni culturali, religiose e civiche più qualificate, salvando l'armonia delle sue parti in cui si esprime nei secoli una compiuta forma d'arte."*[138]

Il Libro Bianco suggerisce anche il modo con cui arrivare a garantire l'intervento pubblico nell'espansione oltre la cerchia urbana:

> *"Per l'espansione oltre la cerchia urbana, il Comune, scelte opportunamente le località, dovrebbe*

---

[137] Libro Bianco, p. 33.
[138] Libro Bianco, p. 33.

acquistare una discreta quantità di aree, cercando di frazionare le proprietà immobiliari in modo da lasciare ai proprietari, un utile ottenuto dall'aumento di valore dei terreni residui. Questa operazione dovrebbe permettere al Comune di acquistare le aree a prezzi relativamente bassi senza danneggiare i proprietari. In un secondo tempo esso convoglierà verso le sue aree i servizi pubblici indispensabili, cioè una moderna rete di fognature, energia elettrica ed industriale, metano e, appena possibile, il servizio tranviario, insieme a un forte nucleo di edilizia statale sovvenzionata, la quale dovrà acquistare terreni in prossimità di quelli del demanio comunale. Sulle aree di sua proprietà il Comune costruirà i servizi per la piccola industria con impianti a locazione o a riscatto, e cessione di aree a prezzo modico per iniziative industriali. E' chiaro che queste zone devono essere distanziate ma contigue alle zone residenziali, debbono escludere la presenza di industrie nocive, debbono essere ottimamente collegate alle linee ferroviarie e autostradali. Nelle aree demaniali restanti si costruirà il nuovo centro civico con gli indispensabili servizi decentrati del Comune, col nucleo scolastico ed assistenziale e con tutte le moderne attrezzature che fanno del nuovo quartiere un quartiere organico. Una zona demaniale dovrà pure rimanere per esercitare funzione calmieratrice sulle aree private e circostanti delle quali alcune saranno vincolate a verde."[139]

---

[139] Libro Bianco, p. 69.

4. Il decentramento amministrativo nei quartieri

"Anzitutto occorre una prima precisazione. La proposta riformatrice del decentramento per quartieri non nacque per un'invenzione astratta di un giovane sociologo qual ero, ma scaturì, oltre che da studi e letture, anche da tre esperienze significative di pratica sociale, nonché di pensiero, risalente ai primi anni cinquanta."[140]

Le esperienze a cui si riferisce Ardigò provengono dalle sue ricerche sociali nel Mezzogiorno su tematiche comunitarie ed in particolare a Matera dove in quegli anni si realizzava il ben noto villaggio "La Martella" progettato dall'Architetto Ludovico Quaroni e dove pure Adriano Olivetti aveva insediato un suo gruppo di lavoro, ispirato alla sua visione comunitaria, con cui Ardigò era in stretto contatto.

Quindi idee d'avanguardia che nascono da esperienze già note a livello nazionale ma ancora estranee in qualche modo al provincialismo *"paternalistico"* (come lo definisce Ardigò) bolognese.

"...nella progettazione della riforma dei quartieri descritti nel programma dossettiano contano soprattutto temi di urbanistica sociale e di integrazione socio-culturale e morale, attraverso il pluralismo

---

[140] ACHILLE ARDIGÒ, Giuseppe Dossetti e il Libro bianco su Bologna, EDB Centro editoriale dehoniano, Bologna, 2003, p. 137.

delle comunicazioni tra i cittadini."[141]

In queste parole sta la novità portata dal Libro Bianco nelle esperienze già in corso e avviate con le "consulte popolari cittadine".

Nel 1960 il sindaco Dozza avvierà il decentramento auspicato dal Libro Bianco proponendo quindici quartieri: Borgo Panigale, Santa Viola, Lame, Bolognina, Corticella, San Donato, San Vitale, Mazzini, Murri, San Ruffillo, Aldini, Colli, Andrea Costa, Barca e Centro che verranno istituiti definitivamente nel 1963 con un Aggiunto del sindaco e un Consiglio di quartiere.

5. Il ruolo centrale dell'edilizia popolare

Rilevante è lo spazio che il Libro Bianco, nella Parte terza (CONDIZIONI E PROSPETTIVE PER UNA NUOVA, CORAGGIOSA E RESPONSABILE AMMINISTRAZIONE CIVICA Sez. V — Le opere pubbliche con particolare riguardo all'edilizia popolare), dedica al ruolo dell'edilizia popolare sia nella espansione di Bologna che nelle zone degradate della città storica.

Importante è il contributo nella trattazione di questo tema, oltre che di Ardigò e Piacentini, dell'Architetto Giorgio Trebbi collaboratore già dal 1954 del Cardinale Giacomo Lercaro, insieme all'architetto Glauco Gresleri, nel Piano per la "costruzione di nuove chiese in periferia" a Bologna che assegnerà commesse ad architetti di spicco locali e internazionali.

"Con una concezione più moderna della politica

---

[141] ACHILLE ARDIGÒ, Giuseppe Dossetti e il Libro bianco su Bologna, EDB Centro editoriale dehoniano, Bologna, 2003, p. 142.

di conferimento delle aree fabbricabili ad enti di edilizia popolare, il Comune avrebbe avuto un'arma decisiva per guidare l'espansione edilizia nelle direzioni e nelle zone più convenienti ai fini di un equilibrato ampliarsi della città." [142]

"In luogo dei grandi concentramenti di popolazione troppo lontani dalla stessa zona di espansione di edilizia privata fuori dalle mura, puntare sulla costruzione di isolati popolari un po' ovunque nelle zone ancor vuote della non lontana periferia e persino del centro risanato.",,, "Essa infatti presenta un grande vantaggio di ordine morale e sociale: non espelle di fatto dalla pienezza della vita cittadina e quindi dalle maggiori possibilità di integrazione economica, di lavoro e di partecipazione culturale proprio quei ceti più poveri o comunque popolari il cui rapporto, per il reciproco vantaggio, con gli altri ceti e gruppi sociali della città deve essere anche per le case più diretto. Esso comunque non deve dar luogo alla solita cintura proletaria che traduce nel volto fisico delle grandi città moderne la durezza esasperata della lotta di classe." [143]

La conclusione di questa Sez. V (Le opere pubbliche con particolare riguardo all'edilizia popolare) si occupa di quello che dovrà essere anche un programma pubblico di risanamento edilizio delle zone degradate del centro urbano, azione che, precisata ed ampliata, sarà

---

[142] Libro Bianco, pp. 138-139.
[143] Libro Bianco, p. 144.

poi l'oggetto di quel Piano di "Salvaguardia del Centro Storico" del 1969 che ancora oggi costituisce un vanto della nostra città.

"Per avviare l'attuazione del programma cittadino di risanamento edilizio della "cintura della miseria" e delle zone "marce" del centro urbano, occorre che il Comune favorisca, potenzi e stimoli l'attività dell'Istituto Autonomo C.P. (Case Popolari) riservandosi in un secondo tempo - ultimate le case già in preventivo - di proporre un proprio diretto programma di alloggi per le famiglie specie per quelle che dovranno essere sloggiate dagli alloggi malsani del centro."[144]

Tengo a sottolineare questo ultimo passaggio, troppo dimenticato da tutti, per ribadire il carattere innovatore e lungimirante del Libro Bianco.

La rivoluzione culturale del Libro Bianco

"Le critiche dossettiane relative alla crescita indifferenziata e la contestuale ricerca di valori sommersi nella città della quantità devono più di un riscontro alle tesi filosofico-religiose del movimento comunitario di quel periodo. Il Libro Bianco compendia così l'esigenza sociale al dato dimensionale penetrando, con gli strumenti dell'inchiesta e con l'ausilio della

---

[144] Libro Bianco, p. 145.

sociologia, le complesse realtà urbane.[145]

Insomma, se pensiamo al conservatorismo di sinistra di quel momento a Bologna, il "Libro Bianco" propone innanzi tutto una vera rivoluzione culturale. Basti pensare, in materia di urbanistica, ai numerosi riferimenti che nel corso dell'esposizione si fanno alla "Cultura della città" di Lewis Mumford (edito negli Stati Uniti nel 1938 e con la sua prima edizione in italiano per le edizioni di Comunità di Adriano Olivetti) che, trattando della evoluzione della città occidentale dal medioevo in poi, afferma i valori democratici, sociali ed ecologici cui la nuova cultura urbana deve attenersi.

In quel libro Mumford aveva scritto *"Oggi dobbiamo trattare il nucleo sociale quale elemento fondamentale di ogni piano urbanistico"*, concetto che resta uno dei principi ispiratori della critica del Libro Bianco al piano regolatore del 1956.

Il dopo Dossetti

La DC pur uscendo sconfitta da quelle elezioni ottiene la più alta percentuale di voti (27,7%) mai ottenuta, né prima né dopo, a Bologna.

Il gruppo consigliare DC porta in consiglio i temi affrontati e le proposte del Libro Bianco trovando spesso

---

[145] ALBERTO PEDRAZZINI, *1945 E OLTRE, Il dopo "delenda Bononia"*, in, Giuliano Gresleri e Pier Giorgio Massaretti, a cura di, Norma e Arbitrio Architetti e Ingegneri a Bologna 1850-1950, Marsilio editori, Venezia, 2001, p. 352.

un dialogo con le forze "conservatrici" di sinistra del consiglio comunale che devono a questo dibattito notevoli cambiamenti nell'approccio ai problemi che toccavano la città.

Sotto la spinta del Libro Bianco

> *"…quel consiglio comunale, eletto nel maggio 1956, ha dimostrato che dall'antagonismo non meramente ideologico, ma animato da spirito di ricerca innovativa per il bene della città poteva anche nascere una -concordia discors- capace di sollecitare il progresso complessivo della comunità cittadina. E tale -concordia discors- riguardò programmi forti che, comunque, sempre meno potevano essere ricondotti alla semplificazione di schieramenti ideologici tra comunismo e anticomunismo…"*[146]

Questi semi germogliano anche dopo che Dossetti nel marzo 1958 dimissiona dal Consiglio venendo poi ordinato sacerdote nel 1959.

Resta in Consiglio Achille Ardigò, pure eletto nel 1956 con Dossetti, ed un fedele gruppo di altri consiglieri democristiani a portare avanti le idee del Libro Bianco costringendo la maggioranza, ed in particolare la componente comunista, ad una riflessione sempre più critica sulle linee del partito relativamente alla gestione e al futuro della città.

E' in questo clima che Dozza si rende conto che

---

[146] ACHILLE ARDIGÒ, *Giuseppe Dossetti e il Libro bianco su Bologna*, Edizioni Dehoniane Bologna, Bologna 2003, pp. 126-127.

anche la politica urbanistica, che aveva portato ad approvare lo "scellerato" piano del 1958, va rivista dal fondo. Arriva dunque alla decisione di chiamare chi potesse servire a questo scopo.

Giuseppe Campos Venuti

Nel 1960 Mario Alicata, responsabile della cultura nella direzione del PCI, riceve da Renato Zangheri, che a Bologna nel partito si occupa di cultura, l'invito a segnalare il nome di un urbanista che, quale assessore all'urbanistica d'area comunista, contribuisca a riformare la politica della città. E' così che Giuseppe Campos Venuti, dopo il rifiuto di Carlo Melograni e Carlo Aymonino, arriva a Bologna candidato alle elezioni comunali e, pur non essendo entrato nella lista degli eletti, entra in consiglio comunale in sostituzione di un eletto che opziona un posto in provincia.

Campos entra nella giunta comunale come Assessore all'urbanistica ed immediatamente si confronta con una cultura urbanistica antiquata che, come ho riportato all'inizio di questo testo,

«…*poco si era accorta delle novità contenute nel libro Bianco di Dossetti del 1956,…* »[147]

Questo è il primo riferimento di Campos all'importanza del Libro Bianco che poi riprenderà più volte nel

---

[147] GIUSEPPE CAMPOS VENUTI, *Un bolognese con accento trasteverino. Autobiografia di un urbanista*, Pendragon, Bologna, 2011, p. 40.

corso del suo lavoro successivo, ricordando spesso il ruolo centrale che in esso aveva avuto Osvaldo Piacentini.

Campos Venuti e Osvaldo Piacentini

Giuseppe Campos Venuti il 30 giugno 1985, ad un anno circa dalla morte di Osvaldo Piacentini, a Magazzino di Spilamberto (MO) durante una giornata di studio e testimonianza promossa dalla Comunità della Piccola Famiglia dell'Annunziata di Giuseppe Dossetti dice:

> *"Devo dire che, tra l'altro, con una parte del lavoro di Osvaldo ebbi a che fare come assessore all'urbanistica di Bologna, misurandomi positivamente con alcune delle indicazioni del Libro Bianco. Ma non si arrabbi Don Giuseppe* (si rivolge a don Giuseppe Dossetti lì presente) *se ricordo che negli anni Sessanta l'eredità di quel documento così importante era gestita a Bologna da uomini certo meno capaci di Osvaldo.*
>
> *Comunque, una buona parte di quell'eredità alla fine fu raccolta dalla giunta di sinistra; e il piano regolatore bolognese del 1970 ne porta indubbiamente le tracce."*[148]

---

[148] Giornata di studio e testimonianza promossa dalla Comunità della Piccola Famiglia dell'Annunziata di Giuseppe Dossetti, Magazzino di Spilamberto (MO), 30 giugno 1985, Archivio Osvaldo Piacentini – GIUSEPPE CAMPOS

Nasce così fra i due, fin dal 1962, un grande rapporto di stima e di amicizia con una collaborazione e "comunità di intenti" che porterà nel 1965 all'incarico ad entrambi, insieme a Franco Albini, della redazione del PRG di Reggio Emilia.

Li univa anche il comune passato nella Resistenza, Campos col nome di Bubi (col quale noi amici abbiamo continuato a chiamarlo fino alla sua morte nel 2019) e Piacentini col nome di Waldo (anche Dossetti, col nome di Benigno, aveva militato da "partigiano disarmato" nella Resistenza).

Ed è attraverso la conoscenza del lavoro di Piacentini che Campos nel 1962, recependo in buona parte le sollecitazioni che il Libro Bianco aveva dato sul modo con cui affrontare l'edilizia economica popolare, mette a punto per Bologna la sua idea di "ruolo strategico dell'edilizia popolare" per il rinnovamento della città.

Sempre nella già citata giornata di studio e testimonianza promossa nel 1985 dalla Comunità della Piccola Famiglia dell'Annunziata di Giuseppe Dossetti a Magazzino di Spilamberto (MO) Campos Venuti dice:

> *"Il Comune di Reggio Emilia aveva elaborato nel 1962 uno dei primi piani italiani per l'edilizia economica e popolare: il piano affidato alla Cooperativa, ed elaborato con la direzione di Osvaldo, era di qualità assai elevata dal punto di vista culturale e politico. A me – sempre alla ricerca di passi in avanti – sembrava che un piano di quella levatura avesse i*

VENUTI, *Testimonianze edite ed inedite su Osvaldo Piacentini.*

numeri per investire anche le problematiche della città interna e non solo della periferia."[149]

La "pianificazione continua" di Campos Venuti

Campos è assessore all'urbanistica dal 1960 al 1966 e con un memorabile intervento, pronunciato in Consiglio Comunale durante la discussione sul bilancio del 1961 e poi pubblicato col titolo *"Politica urbanistica a Bologna. Orientamenti programmatici"* traccia le linee per una nuova stagione dell'urbanistica cittadina a partire dal ruolo strategico dell'edilizia popolare e dall'esigenza di una visione di pianificazione allargata alla dimensione intercomunale e regionale.

Un programma organico e lungimirante che mantenesse ferma la lotta alla rendita urbana e da attuare progressivamente nel tempo: "la pianificazione continua". Un concetto alla cui base stava la sua idea dell'urbanistica come strumento centrale per l'amministrazione della cosa pubblica insieme a due parole chiave della sua vita: "riformismo" ed "austerità".

---

[149] Giornata di studio e testimonianza promossa dalla Comunità della Piccola Famiglia dell'Annunziata di Giuseppe Dossetti, Magazzino di Spilamberto (MO), 30 giugno 1985, Archivio Osvaldo Piacentini – GIUSEPPE CAMPOS VENUTI, Testimonianze edite ed inedite su Osvaldo Piacentini.

Il ruolo strategico dell'edilizia popolare nell'urbanistica di Campos e la Variante generale al PRG del 1970

Partendo proprio dal già richiamato Piano per l'Edilizia Economica e Popolare di Reggio Emilia, Campos si adopera perché nel 1962 il Consiglio comunale decida ufficialmente che il Piano per l'Edilizia Economica e Popolare (PEEP) costituisca la prima tappa strategica per la riforma urbanistica bolognese. Il 21 giugno 1963 viene adottato dall'Amministrazione comunale il Piano per l'Edilizia Economica e Popolare (PEEP), prima trasformazione radicale del Piano regolatore del 1958.

L'occasione è quella fornita della legge 167 (18 aprile 1962), che consente all'Amministrazione comunale di cedere a prezzo politico aree demaniali o espropriate per fini pubblici. La previsione è quella di realizzare i "*quartieri organici*" di cui al Libro Bianco. Per scongiurare la segregazione sociale, si concentra nelle aree periferiche del PEEP l'intervento comunale in servizi, verde e impianti sportivi. È l'occasione per rimettere in discussione le previsioni demografiche del Piano in vigore, portandole da 1.000.000 a 500.000 abitanti. È l'occasione per una revisione sostanziale di tutto l'impianto urbanistico dello "scellerato" Piano approvato nel 1958 che porterà prima ai Piani di salvaguardia della collina e del centro storico del 1969 e poi alla Variante generale del PRG adottata il 6 aprile 1970 con il decentramento direzionale, il nuovo sviluppo industriale, la diffusione dei servizi: le scuole, la diffusione del verde e una moderna rete viaria.

"*…comunque, una buona parte di quell'eredità* (Il Libro Bianco) *alla fine fu raccolta dalla giunta di*

> *sinistra; e il piano regolatore bolognese del 1970 ne porta indubbiamente le tracce.* "[150]

Il Libro Blu di Dozza

L'arrivo di Campos, la nuova composizione della Giunta voluta da Giuseppe Dozza, con, fra gli altri, Renato Zangheri, Armando Sarti, Ettore Tarozzi e Pietro Crocioni d'area socialista assessore dal 1956 per tre mandati alla riforma dei quartieri, l'evoluzione politica che nel frattempo aveva segnato il cammino dei partiti di maggioranza e il dialogo che si era aperto con la Democrazia Cristiana (la "*concordia discors*" di Ardigò), dà una sterzata decisa alla linea politica della Giunta e non solo in materia urbanistica.

E così la Giunta Dozza mette a punto un Documento programmatico, *Valutazioni e orientamenti per un programma di sviluppo della città di Bologna e del comprensorio* che viene approvato il 5 aprile 1963 dal Consiglio comunale e che confluisce in seguito nel programma elettorale delle elezioni amministrative del 1964 del gruppo Due Torri.

Il Documento viene pubblicato poi a cura dell'UFFICIO RELAZIONI PUBBLICHE DEL COMUNE DI

---

[150] Giornata di studio e testimonianza promossa dalla Comunità della Piccola Famiglia dell'Annunziata di Giuseppe Dossetti, Magazzino di Spilamberto (MO), 30 giugno 1985, Archivio Osvaldo Piacentini – GIUSEPPE CAMPOS VENUTI, Testimonianze edite ed inedite su Osvaldo Piacentini.

BOLOGNA in un corposo libro, in grande formato, dalla copertina in tela cartonata blu, di 391 pagine, edito da Zanichelli a Bologna nel novembre 1964, che comprende le prime azioni che l'Amministrazione aveva già attivato come quella del Decentramento del 1960 o quella del Piano per l'Edilizia Economica Popolare del 1960-1963.

L'indice qui riportato illustra da solo ampiamente il salto di qualità rispetto alle premesse del Piano del 1958 così criticato dal Libro Bianco:

Prefazione, Introduzione.
PARTE I (Capitolo 1°, Le caratteristiche dello sviluppo Economico in Emilia-Romagna – Capitolo 2°, Lo sviluppo economico di Bologna nell'ultimo decennio); Appendice (Tavole 1-39);
PARTE II (Capitolo 1°, Problemi generali e prospettive dello sviluppo dell'agricoltura e dell'industria nel comprensorio bolognese – Capitolo 2°, Problemi della distribuzione e prospettive di sviluppo delle attività commerciali);
PARTE III (Premessa – Capitolo 1°, Il decentramento democratico – Capitolo 2°, Le istituzioni culturali – Capitolo 3°, Le previsioni dello sviluppo demografico di Bologna e del comprensorio nei prossimi anni – Capitolo 4°, L'espansione della città e i problemi sociali del lavoro e dell'immigrazione – Capitolo 5°, Lo sviluppo di una scuola moderna e democratica nella città e nel comprensorio – Capitolo 6°, La politica dell'assistenza e i problemi dell'organizzazione igienico-sanitaria – Capitolo 7°, La politica annonaria e l'intervento pubblico nel settore commerciale – Capitolo 8°, A) Il problema dell'abitazione, B) I problemi del traffico, dei trasporti e della viabilità, C) Il verde pubblico e gli impianti sportivi, D) Gli impianti tecnologici – Capitolo 9°, La politica delle aree e la lotta contro la speculazione fondiaria – Capitolo 10°, Gli strumenti della pianificazione urbanistica – Capitolo 11°, La trasformazione e il potenziamento dell'apparato tecnico-operativo del comune - Capitolo 12°, Lo sviluppo dei servizi pubblici municipalizzati - Capitolo 13°,

Il quadro riassuntivo del fabbisogno finanziario per gli investimenti pubblici);

PARTE IV (Capitolo 1°, Il bilancio comunale dal 1951 al 1962 – Capitolo 2°, Le previsioni di sviluppo del bilancio comunale fino al 1970 – Capitolo 3°, Orientamenti per una nuova configurazione della finanza pubblica statale e locale); Appendice (Tavole 1-19; figure 1-41).

Il solo fatto che qualcuno chiamasse questo Documento il "Libro Blu di Dozza" fa capire come il riferimento al Libro Bianco di Dossetti, anche se di sette anni prima, fosse evidente.

Questo non significa che il Documento si rifacesse letteralmente al libro di Dossetti, anche perché nel frattempo la cultura urbanistica più avanzata si era evoluta nella direzione in qualche modo anticipata dal Libro Bianco.

Le critiche da cui partiva il Libro Bianco al PRG del 1955 sono ben presenti nel Documento programmatico a partire dalla denunciata carenza del PRG vigente relativa alle indagini socioeconomiche che avrebbero dovuto esserne alla base,

> *"...porta tutti i sintomi di un piano tracciato senza nessuna precedente indagine di ordine economico e sociologico..."*[151]

e che invece sono centrali nel lavoro riportato nel Documento del 1963, come si può evincere già dall'indice.

---

[151] Libro Bianco, p. 46.

Così come le previsioni demografiche (*"una città da 1.000.000 di abitanti"*) vengono ampiamente riviste e documentate.

"In altri termini, a questa data (1970) la città dovrebbe risultare demograficamente satura, raggiungendo una popolazione aggirantesi attorno ai 535-545.000 abitanti; e, a parte l'incremento naturale, del resto assai limitato, l'ulteriore espansione demografica dovuta alle componenti economico-sociali (immigrazione ed emigrazione) dovrebbe determinarsi quasi interamente nelle zone dei comuni minori che circondano la città. Ci sembra che la prospettiva demografica della grande Bologna rimanga così individuata con sufficiente chiarezza ed attendibilità."[152]

Nel capitolo dedicato al Decentramento democratico, uno dei contenuti più innovativi del Libro Bianco, il Documento richiama l'importanza della collaborazione fra tutte le forze politiche del Consiglio (la *concordia discors* di Ardigò) per l'attuazione di quella politica.

"Non si può chiudere in questa sede l'esame della politica di decentramento democratico nel suo aspetto dinamico senza riferirsi a quello che è stato uno degli organismi essenziali di questa politica. Fa onore alla città di Bologna che si sia riusciti a dar vita e a rendere attivo in regime convenzionale, con risultati

---

[152] UFFICIO RELAZIONI PUBBLICHE DEL COMUNE DI BOLOGNA, a cura di, *Valutazioni e orientamenti per un programma di sviluppo della città di Bologna e del comprensorio*, Zanichelli, Bologna, 1964, p. 163.

estremamente positivi, in una ormai non breve stagione, dal 21 settembre 1960 ad oggi, un organismo composto di esponenti dei vari gruppi consigliari del nostro consiglio comunale e di forze politiche a volte in aspra lotta fra di loro: la commissione consigliare per il decentramento. Questo organismo si è rivelato indispensabile per l'esame, l'elaborazione e la proposta di deliberazione di provvedimenti fondamentali" … *"l'organismo politico della commissione ha consentito di superare ostacoli e risolvere problemi di tormentosa difficoltà"… "Il lavoro della commissione sarà indispensabile fino a che la materia rovente di una politica nuova ed originale, e perciò più ardua, non sarà entrata nel patrimonio culturale e spirituale di tutti."*[153]

Da queste ultime affermazioni è evidente il contributo importante e costruttivo di Dossetti con il suo Libro Bianco per una politica nuova e partecipe del *"patrimonio culturale e spirituale di tutti"*.

E come non ricordare infine quanto anticipato nel Libro Bianco, e già precedentemente riportato, a proposito della politica di reperimento delle aree per l'edilizia popolare e della diffusione dell'edilizia popolare pure estesa al centro storico:

---

[153] UFFICIO RELAZIONI PUBBLICHE DEL COMUNE DI BOLOGNA, a cura di, *Valutazioni e orientamenti per un programma di sviluppo della città di Bologna e del comprensorio,* Zanichelli, Bologna, 1964, p.130.

"Con una concezione più moderna della politica di conferimento delle aree fabbricabili ad enti di edilizia popolate, il Comune avrebbe avuto un'arma decisiva per guidare l'espansione edilizia nelle direzioni e nelle zone più convenienti ai fini di un equilibrato ampliarsi della città."[154]

"In luogo dei grandi concentramenti di popolazione troppo lontani dalla stessa zona di espansione di edilizia privata fuori dalle mura, puntare sulla costruzione di isolati popolari un po' ovunque nelle zone ancor vuote della non lontana periferia e persino del centro risanato."[155]

quando nel Documento programmatico si dice:

"Dal punto di vista qualitativo, le previsioni del piano respingeranno esplicitamente ogni criterio di reperimento sulla base del basso costo di acquisizione. La politica di acquisizione di aree per l'edilizia pubblica in posizione sistematicamente periferica o addirittura nelle zone vincolate a verde è stata respinta e decisamente sostituita invece da una politica di scelte eterogenee nell'ambito delle zone residenziali già previste dal P.R.G. Nel piano saranno quindi incluse aree di espansione, aree di completamento e di ristrutturazione in zone centrali e semicentrali e due aree di risanamento del centro storico."[156]

---

[154] Libro Bianco, pp. 138-139.

[155] Libro Bianco, p. 144.

[156] UFFICIO RELAZIONI PUBBLICHE DEL COMUNE DI BOLOGNA, a cura di, *Valutazioni e orientamenti per un programma di sviluppo della città di Bologna e del comprensorio*, Zanichelli, Bologna, 1964, p. 257.

L'inserimento di Bologna nel suo ambito regionale.

Va ricordato anche che nel 1960 il Ministero autorizza la formazione del PIC, Piano Intercomunale del Comprensorio Bolognese, affidandone la redazione al Comune di Bologna. Tale Piano persegue i fini già richiamati nel Libro Bianco per l'inserimento di Bologna nel suo ambito regionale.

> *"La stretta visione del nuovo P.R. che si limita allo studio dei soli problemi comunali quando ormai sia ad est che ad ovest la città ha raggiunto i confini del Comune, deve essere superata non solo con la formulazione di un piano intercomunale ma soprattutto nello studio e nella stesura del piano regionale da poco tempo in cantiere."*[157]

> *"Solo col piano regionale la città potrà rendersi conto dei suoi veri problemi legati al suo retroterra, alla sua posizione geografica e alla sua funzione di capitale."*[158]

Questo è un ulteriore segno della lungimiranza e della importanza del Libro Bianco per le vicende della pianificazione urbanistica di Bologna a partire dal 1956.

Conclusioni

Dire però che sia stato il solo Libro Bianco a dettare le regole e le decisioni della pianificazione bolognese degli

---

[157] Libro Bianco, p. 71.
[158] Libro Bianco, p. 72.

anni '60 sarebbe semplicistico e fuorviante.

I principi di quella che Campos chiamava l'urbanistica riformistica di Bologna vanno trovati principalmente nelle conquiste culturali della disciplina in tutta Europa e non solo (il libro, più volte richiamato, "Cultura della città" di Lewis Mumford viene dagli Stati Uniti), nell' impegno innovatore dell'Istituto Nazionale di Urbanistica (di cui Campos ha fatto parte da sempre diventandone poi il Presidente Onorario), e in primo luogo di Adriano Olivetti suo Presidente dal 1950 al 1960.

Tutto questo non toglie nulla comunque, come ho cercato in qualche modo di documentare, all'importanza che il Libro Bianco ha avuto per Bologna alla fine degli anni '50 e all'inizio degli anni '60.

Oltre che nel dare uno strattone al *"conservatorismo rosso bolognese"*, il Libro Bianco ha attivato nella nostra città un diverso modo di fare politica ed ha imposto la necessità di affrontare i temi che riguardavano la pianificazione urbanistica a partire dalla conoscenza della realtà del territorio e dai valori democratici e sociali cui la nuova cultura urbana doveva attenersi.

DOSSETTI, PEDRAZZI, LA POLITICA E IL DIALOGO CON LA SINISTRA

di Davide Ferrari

Luigi Pedrazzi, in un denso ricordo[159] scritto 10 anni fa, per il primo centenario della nascita di Giuseppe Dossetti, descrisse con particolare esattezza il carattere politico della sua personalità. In sintesi Pedrazzi vede in Dossetti un'acutezza teorico-pratica che, a suo avviso, lo identifica profondamente. È una lettura che può sorprendere. Ai nostri giorni, il concreto svolgersi della vita politica appare drammaticamente distante da ogni ispirazione ideale o comunque da visioni generali, molto più di quanto non fosse nei lunghi e diversi momenti dossettiani.

Forse questa lettura deriva dal carattere e dall'esperienza di un uomo come Pedrazzi, un pensatore attivo, un militante della democrazia, fedele alla sua Chiesa e al suo fondatore, ma rivolto al bene "pratico", allo spostamento in avanti graduale della "situazione". Dossetti politico perché Pedrazzi politico, dunque? Forse, ma la personale visione del fondatore del Mulino sembra a noi particolarmente illuminante.

---

[159] L. PEDRAZZI, *Giuseppe Dossetti*, in *Rivista Il Mulino*, 3 (2013), pp. 523-530.

Nel suo saggio che abbiamo citato, come negli innumerevoli scritti e discorsi, Pedrazzi ricorda le tappe della straordinaria biografia dossettiana, rammenta l'uomo della Resistenza e della Costituzione, la discesa in campo a Bologna, contro Dozza, nel 1956, condotta sul filo del programma, anticipando trasformazioni allora impensabili. Poi analizza la scelta del sacerdozio, dopo le dimissioni dal Consiglio comunale.

Dopo pochi giorni dalla sua ordinazione, la Chiesa cattolica venne attraversata profondamente dall'annuncio del Concilio. Dossetti ne diverrà una delle menti, per poi farsi monaco e infine, e qui Pedrazzi trova una conferma della sua interpretazione, in età veneranda, tornare all'azione politica come sentinella dell'allarme per l'attacco alla Costituzione. Si era alla fine della prima repubblica, con la prevalenza di partiti privi della discriminante antifascista, come la Lega e l'aggregazione personale di Berlusconi.

La vita di Dossetti, lunga e costellata di poderosi impegni, appariva a Pedrazzi essersi svolta interamente sotto il segno della politica: una politica grande, illuminata dalla fede, nella fedeltà al Magistero della sua Chiesa, ma sempre eminentemente un'espressione politica. Dossetti – ricorderà Pedrazzi- è stato uno dei pochi politici italiani con una presenza significativa nella vita pubblica per mezzo secolo e uno dei maggiori, per il merito e l'occasione di aver potuto vivere da protagonista sia la Costituente sia il Concilio, significativamente considerato episodio politico anch'esso.

Pedrazzi troverà il segno di Dossetti politico nel suo rimanere sempre capace di ancorarsi alla realtà: "per quanto fosse un idealista grandissimo, in lui io vedevo essere più forte il realista, conosceva le cose come erano davvero". Proprio "La sua visione profonda dei fatti storici lo portava a intercettare le parabole di più lunga durata e di maggiore significato, sia popolare sia istituzionale", e per conseguenza "a pensare per larghi tratteggiamenti del presente e del futuro".

Dossetti non si piegava a considerare eterna ed intangibile la guerra fredda: "Al termine della guerra, fu tra i primissimi a pensare e a comprendere la "globalità" mondiale e le sue dimensioni e rilevanze, produttive e comunicative". Una visione, viene da pensare, di rinnovata attualità, oggi.

"Cercò di resistere alle distorsioni introdotte nei pensieri e nelle esperienze di Stati e partiti, a Est e Ovest". Considerò, scrive Pedrazzi con un tono più fermo, "largamente fittizie nella universalità etica che pretendevano di rappresentare" le democrazie autodefinitesi "popolari" o all'opposto "liberali", con "forzature ideologiche tutte in qualche misura pericolose a fronte di situazioni nuove e profondamente problematiche". Per Dossetti, scrive il nostro, il mondo soffriva di una unità "non sufficientemente pensata", nonostante si fossero avvicinati, addirittura si eguagliassero i modi di lavorare, commerciare, comunicare.

Fin dalle prime occasioni personali di incontrarlo, che ci furono date a diciassette anni negli "Amici del Foglio", i sostenitori del suo sfortunato quotidiano, notammo come Pedrazzi scegliesse sempre di definirsi dossettiano, proprio nel parlare della sua identità politica, non solo culturale. A questa identità Pedrazzi si riallacciò per compiere il suo tragitto, che ha avuto, pur nella diversità delle epoche e delle fasi, come filo rosso la questione di una collaborazione trasformatrice con la Sinistra, bolognese e nazionale.

Può essere utile richiamare, a questo punto, alcuni tratti biografici di Pedrazzi. Forse il veloce passare degli anni impone un riassunto. Pedrazzi fu un figlio della leva del liceo Galvani maturata negli anni della guerra. Più giovane di Dossetti di quattordici anni, fu coetaneo di alcuni studenti di fervida intelligenza e capacità di iniziativa. Al loro interno, si caratterizzò per una straordinaria attitudine a promuovere "cose". La esplicherà per tutta la vita trasformando idee in realtà editoriali, associative, istituzionali e politiche.

Fin dal 1951, mentre usufruiva di una borsa di studio vinta all'Istituto Italiano di Studi Storici, guidato da Benedetto Croce, fu tra i promotori della rivista "il Mulino", che poi dirigerà e con la quale collaborò sempre. Con Pedrazzi vi si impegnarono: Fabio Luca Cavazza, Pier Luigi Contessi, Giuseppe Federico Mancini, Nicola Matteucci e Antonio Santucci. Nacque poi la casa editrice e, in seguito, l'associazione del Mulino e l'Istituto Cattaneo.

Quando Dossetti, ormai lontano dall'impegno politico di primo piano, accetterà la decisione del Cardinal Lercaro di farlo candidare a Bologna, sceglierà il giovane Pedrazzi, il "Pedrazzino", come lo chiamò, come indipendente, prima nella sua lista e poi nel gruppo consiliare comunale della Democrazia Cristiana.

Molti anni dopo Pedrazzi sarà, proprio nel nome della lezione dossettiana, il vicesindaco della giunta Vitali, ispirata al motto: "mai più Dozza contro Dossetti". Il mondo cambiava e a Bologna presto sarebbe nato l'Ulivo di Romano Prodi.

Ma, già nel lontano 1965, Luigi Pedrazzi aveva accettato di essere nominato dal sindaco Guido Fanti suo "aggiunto" nel quartiere Mazzini. Com'è sufficientemente noto, la scelta dei quartieri può essere considerata la proposta di maggior rilievo della DC dossettiana. L'intelligenza riformatrice del PCI bolognese se ne impadronì con prontezza.

Pedrazzi sarà protagonista anche in altri decisivi frangenti, impegnandosi anche nelle svolte istituzionali resesi necessarie per la crisi della repubblica. A questo punto ci soccorrono aneddoti personali, per mettere in luce alcuni aspetti della sua personalità e delle sue attività.

Ci ritrovammo, nel 1990, con lui e con Cesare Salvi, a raccogliere le firme per il "referendum Segni", ad un piccolo meeting nei giardini Margherita di Bologna. Riconobbe il ragazzino del Foglio e parlammo a lungo. Pedrazzi, cercò, con una certa sapienza, di indurci a considerare le malefatte antiche ed originarie del PCI. A un certo punto citò un libro di Gianluigi Degli Esposti, testimonianza degli anni più duri di contrapposizione. Gli risposi che Degli Esposti era diventato un militante del PCI, iscritto proprio nella mia sezione, la Bergonzoni di via Murri. Attonito, a questa "rivelazione", fece seguire secondi interi di silenzio. Poi gli tornò il sorriso è mi disse: "il mondo cammina molto veloce, caro Ferrari. Bisognerà che acceleriamo anche noi". Senso dei tempi anche quando passano attraverso le nostre certezze e le mutano profondamente.

Passati altri anni, dopo numerosi brevi incontri, ebbi una occasione per me importante di confronto e di collaborazione, dopo la tempesta del voto comunale del

'99. Guazzaloca sindaco: bisognava ripartire dopo la sconfitta che, ancora oggi resta la più grave delle sinistre a Bologna. I consiglieri comunali dell'opposizione apparivano delegittimati, e anche il loro capogruppo, Davide Ferrari.

Si interveniva, si proponeva, si dava battaglia ma il peso di essere lì perché eletti nella lista formata dagli artefici della *débâcle* sembrava insuperabile. Il PDS era arrivato al voto irrimediabilmente diviso e Pedrazzi, vicesindaco uscente, indipendente, avrebbe potuto comprensibilmente, tenersi lontano dalle nuove e amare vicende di palazzo D'Accursio.

Le cose andarono diversamente, Un uomo anziano, ma ancora brillantissimo, decise di recarsi ad assistere a tutte le sedute del consiglio. Redigeva un foglietto, il "Raglio", firmandosi "un cittadino in comune". Era Pedrazzi, naturalmente.

Non mi limitai a salutarlo. In una delle prime sedute mi alzai dai banchi dell'aula e lo raggiunsi nella platea della stampa. Andai al punto, gli chiesi un aiuto, esplicitamente dichiarando che senza una rinnovata unità con il mondo che lui aveva rappresentato non ce l'avremmo fatta, in particolare io non ce l'avrei fatta, a condurre una opposizione visibile ed efficace.

Pedrazzi si alzò in piedi per avvicinarsi a me e mi disse: "Ci chiedevamo se Ferrari avrebbe capito. Tu hai capito e quindi ora dobbiamo aiutarti". Intendeva dire che non potevano esserci autosufficienze nel campo democratico e che proprio comportamenti esclusivisti e divisivi avevano favorito la sconfitta a Bologna. Da quel giorno, seguendo la sua cronaca sul "Raglio", i giornali cittadini cominciarono a seguire l'avventura della prima opposizione della Sinistra a Bologna. Ne parlava Pedrazzi, ne parlavano loro.

Generosità, dunque, e tenacia, resistenza e non resa: Pedrazzi il dossettiano, apportò il suo segno anche nelle sue ultime stagioni. Lo ricordo nell'aula consiliare di Palazzo d'Accursio, presente e lucido, intervenire ad una importante e difficile iniziativa promossa dalle opposizioni a Guazzaloca, sulla e contro la guerra del Golfo[160]. Era il 28 marzo del 2003, e Bologna aveva migliaia di bandiere pacifiste ai balconi. Molti i presenti, parlamentari, sindacalisti e associazioni per la pace. Vennero intellettuali come Stefano Tassinari, vennero Monsignor Giovanni Catti e Giancarla Codrignani, sempre attesi in ogni iniziativa di pace.

E venne Luigi Pedrazzi. Pedrazzi, il moderato (almeno apparentemente), il professore prudente. Non volle mancare, non rinnegò la "traccia" dossettiana e il magistero di Lercaro. Dal pacifismo, quando sincero e costruttivo (e in quell'incontro si parlò molto del ruolo delle città per realizzare una società rivolta al dialogo fra differenti) non ci si dimette.

Nel suo intervento nell'aula del Consiglio fu "dossettiano" e senza alcuna genericità: "Oggi mi pare evidente che questa guerra, che può essere vinta da coloro che dispongono di una superiorità di distruzione enorme rispetto a quella dell'avversario il cui Paese hanno invaso, può essere vinta da coloro che l'hanno iniziata soltanto

---

[160] Cfr. AA.VV., *Bologna una città per la pace*, con Introduzione di D. Ferrari e Conclusioni di G. Codrignani, marzo 2003, in https://bolognaperlapace.blogspot.com/.

determinando, al termine di questa guerra, una tale involuzione barbarica della loro condotta che non potrà non avere non solo tremendi effetti sul quadro generale, ma anche un grande smarrimento e confusione….all'interno dei due Paesi (Usa e Gran Bretagna)".

Le sue parole rilette oggi quasi inquietano per il ripetersi di gravissime scelte, quelle che Biden stesso ha chiamato "i nostri errori".

Viene il momento di un impegno ineludibile e bisogna esserci: "Una 'resistenza', prima di esprimersi contro qualcosa o qualcuno con parole e azioni, deve essere una nostra vissuta 'fermezza', un restare in ciò che pensiamo sia valido, e vada difeso. Col tempo, o approfondiamo le ragioni di questa resistenza, o lasciamo perdere. Se un principio, una convinzione, un'abitudine resistono, è perché ai nostri occhi valgono e ci convincono, anche a distanza dal loro primo rivelarsi importanti nella nostra vita. Se li vediamo messi in pericolo, allora ci muoviamo e ci esprimiamo in loro difesa", scriverà anni dopo nel suo libro *Resistenza cattolica*[161].

Ecco Pedrazzi. L'impronta realista e prudente il lui non si trasformò mai in conservazione. I conservatori possono vantarsi a lungo delle loro intenzioni, ma rischiano di danneggiare e indebolire non poco quel che essi vorrebbero trasmettere più forte. I rinnovatori, rimossi e censurati anche per periodi lunghi, alla fine concorrono a salvare tutto e tutti, quando dotati del

---

[161] L. PEDRAZZI, *Resistenza cattolica*, il Mulino, Bologna, 2006.

necessario equilibrio[162]. Lo diceva della storia della Chiesa, e probabilmente lo pensò sempre della politica italiana e, con modestia, anche di sé stesso.

---

[162] Cfr. L. PEDRAZZI (cur.), *Vaticano II in rete*, Claudiana-il Mulino, Bologna-Bolzano, 2010.

DOSSETTI 'SERVO INUTILE'

di Alessandro Albergamo

Dossetti servo inutile?

Chi di voi, se ha un servo ad arare o a pascolare il gregge, gli dirà, quando rientra dal campo: "Vieni subito e mettiti a tavola"? Non gli dirà piuttosto: "Prepara da mangiare, stringiti le vesti ai fianchi e servimi, finché avrò mangiato e bevuto, e dopo mangerai e berrai tu"? (..) Così anche voi, quando avrete fatto tutto quello che vi è stato ordinato, dite: "Siamo servi inutili. Abbiamo fatto quanto dovevamo fare". (Vangelo di Luca 17,5-10).

Questa parabola raccontata da Gesù ai 12 apostoli, primi servitori della comunità cristiana e non primi capi della stessa, fa comprendere appieno "l'uomo Dossetti", la sua rivoluzionaria umiltà – consapevole, determinata e competente, mai ipocrita o semplificatrice – che ne ha contraddistinto tutta la vita da partigiano, politico, costituente, sacerdote – contro ogni tentazione di vanto e personalismo, contro ogni velleità di protagonismo a cui tanto siamo abituati al giorno d'oggi e che pure sarebbero stati alla portata di un uomo straordinario. Un uomo straordinario che ha costruito, in vari modi, decenni di vita sociale, politica e religiosa dell'Italia almeno dal 1944 – quando aderì alla Resistenza cattolica in una terra dall'anima socialista – fino al 1994 quando morì a

Monteveglio pregando per una Chiesa vigliante sulle sfide del Mondo, promuovendo la difesa di una Costituzione (che lui stesso aveva contribuito a scrivere) attaccata dal revisionismo berlusconiano, e arricchendoci con l'eccezionalità del suo pensiero, pieno di esistenza pura.

Dossetti fu un umile servitore dell'ascolto e del dialogo continui, ma senza mai perdere l'enorme consapevolezza della fondatezza delle proprie radici; più precisamente le sue radici cattoliche intese non come strumento di chiusura autoritaria e immutabile, ma come identità che si apre all'altro in maniera del tutto gratuita per nutrirsi e nutrire, sapendo così perdurare nella Storia in maniera adeguata alla complessità mutevole del Mondo e della società.

Nonostante si stia parlando di una persona che ha fatto la storia dell'Italia – basti pensare al suo impegno in due momenti storici fondamentali per il nostro Paese quali la fase costituente e il Concilio Vaticano II – quella di Dossetti rimane una vicenda perlopiù sconosciuta ai giovani. A scuola di Dossetti non si parla, e nemmeno nelle parrocchie. Forse per via dello spaesamento che provoca l'obbligo di dover fare i conti storici, politici, religiosi e culturali con una persona dall'immensa caratura quale egli fu, e che il più delle volte ci rasserena catalogare come un "professorino", o come un politico che sapeva fare bene il prete, o un prete che sapeva fare bene il politico. Meglio allora che Dossetti rimanga ai posteri come il precursore di quel cattocomunismo sempre troppo timido per i militanti severi, o troppo progressista per i pii conservatori; il precursore dell'utopico integralismo che si astrae dal Mondo che lo ferisce, per isolarsi nel deserto medio-orientale; l'infiltrato da sinistra nella Democrazia Cristiana atlantista piuttosto che il moderato cattolico nel partito del cambiamento anti-occidentale. Dossetti, operando come appunto un servo inutile, si donò generosamente e incessantemente a chi vedeva in lui la possibilità del necessario cambiamento richiesto dalla società del dopo guerra: la politica, la Chiesa, la sua comunità; ma nonostante tutto questo rimane ancora sottotraccia in quasi tutti i libri di storia.

La prima volta che chi scrive sentì parlare di Dossetti fu nel 2006, quando a 20 anni si trovava in Tanzania, ospite di due religiosi della comunità dossettiana che condividevano in maniera radicale l'estrema povertà di un villaggio chiamato Mapanda. Religiosi che traducevano la Bibbia, come Dossetti voleva, nelle lingue di tutto il Mondo: non per evangelizzare forzatamente i popoli, ma per cogliere nelle diversità delle altre lingue e delle altre culture, la diversità di un Dio che a distanza di millenni parla sempre ad ogni uomo reietto dalla Storia, ovunque esso sia nel Mondo. Perché quella diversità divina – maschio o femmina, bianco o nero, omosessuale o eterosessuale, sfruttato o imprigionato – è da tutelare e comprendere attraverso i secoli e i continenti, affinché non si trasformi nelle disuguaglianze contro cui Dossetti stesso si scagliava, nelle contraddizioni e nei privilegi di un Mondo che mai stanco di guerre e distruzione faceva delle ideologie del XX secolo il proprio faro.

Ha un senso quasi profetico rileggere oggi, le sue prese di posizione rispetto alla prima invasione dell'Iraq e le sue anticipazioni sul fondamentalismo islamico e la questione medio-orientale; oppure le sue parole rispetto la pace e come la si costruisce, quando scoppiò la guerra in Vietnam; o più in generale il suo pensiero rispetto alla

Guerra Fredda che diventava calda e atroce in tanti paesi fuori dall'Europa; oppure ancora i suoi interventi rispetto alla primavera di Praga e l'autodeterminazione dei popoli contro ogni forma dittatoriale.

Quanto sarebbe utile proprio oggi un riferimento politico che adotti lo stile radicale con cui Dossetti operò nella propria vita testimoniando una totale gratuità, unito a una estrema competenza giuridica, guidato da una morale che non scese mai a compromessi ma fu anzi sempre monito vigliante alla giustizia umana, condito da una enorme conoscenza delle dinamiche umane. Dossetti, infatti, non ha mai avuto sé stesso come priorità del proprio agire, o il proprio posizionamento come obiettivo del suo pensiero, ma ha sempre avuto "l'altro", "gli ultimi" in particolare, come fine ultimo della sua vita. E nemmeno solamente gli ultimi nel loro "qui e ora", ma gli ultimi nella Storia passata e da venire: il pensiero di Dossetti, concretizzato nelle sue scelte di vita e nei suoi testi, ci dimostra infatti il suo continuo sforzo di condivisione e comprensione dei grandi cambiamenti della Storia e del Mondo, e la portata del suo grande senso di anticipazione del futuro, al fine di trovare soluzioni sempre nuove e sempre diverse alle sfide del Tempo, cui la politica e la Chiesa del suo tempo non erano in grado di rispondere in maniera adeguata.

Moderatismo o radicalità dell'impegno cattolico in politica

Anche se in maniera troppo spesso giustificata dalla realtà dei fatti, il cattolico impegnato in politica viene immaginato e semplificato in posizioni moderate che si collocano al centro, in maniera sempre equidistante da qualunque forma di estremismo. Eppure, il cristiano è per sua stessa natura radicale e mai tiepido: "Magari tu fossi freddo o caldo! Ma poiché sei tiepido, non sei cioè né freddo né caldo, sto per vomitarti dalla mia bocca. Tu dici: 'Sono ricco, mi sono arricchito; non ho bisogno di nulla', ma non sai di essere un infelice, un miserabile, un povero, cieco e nudo". (Apocalisse 3,14-22).

Nei primi anni del suo impegno politico dentro la Resistenza Dossetti scriveva: "la Democrazia Cristiana non vuole e non può essere un movimento conservatore, ma vuole essere un movimento tutto permeato della consapevolezza che tra l'ideologia e l'esperienza del liberismo capitalista e l'esperienza, se non l'ideologia, dei grandi movimenti anticapitalisti, la più radicalmente anticristiana non è la seconda ma la prima, ed è perciò che i cristiani, se sono stati sinora energici e zelanti critici e oppositori delle varie tendenze rivoluzionarie socialiste, oggi debbono divenire assai più di quanto non siano sinora stati anche i critici oppositori, altrettanto energici e zelanti, delle varie tendenze reazionarie che sotto l'apparenza della legalità e della giustizia in effetti possono nascondere illegalità violente e ingiustizie non meno gravi" (da *Il movimento Democratico Cristiano*, in *Scritti politici 1943-1951*, Marietti 1820, Genova, 1995). Appare evidente da queste righe la distanza, seppure sempre garbata e costruttiva, con un altro grande uomo politico di quel tempo, Alcide de Gasperi.

Questo pensiero di Dossetti, insieme a molti altri logicamente, troverà spazio anche in Cronache Sociali, la rivista sociale e politica che fondò con altri colleghi della Democrazia Cristiana. Da diverse pubblicazioni della rivista è possibile rendersi conto della grande capacità di anticipazione del futuro, quasi profetica, di Dossetti. In un periodo in cui sembrava che le alternative per l'ordine mondiale fossero solamente o il blocco capitalista atlantista o il blocco comunista sovietico, Dossetti e gli altri autori – sempre fortemente critici verso il consumismo e il liberismo proposti dal modello americano a cui stava aderendo l'Italia – teorizzano la possibilità di una terza via (simile a quella che oggi chiamiamo "economia sociale" quale ad esempio l'economia circolare di Zamagni, il social business di Muhammad Yunus o l'Economy of Francesco ispirata da Bergoglio). Una terza via che si basa non solo su riforme e approcci politici, ma soprattutto su una profonda rivoluzione del modello economico-sociale. Infatti, non saranno la libertà capitalista o l'uguaglianza socialista-comunista tout court a superare le disuguaglianze, ma la giustizia sociale ed economica, che si raggiungono secondo questa terza via solo attraverso un lavoro dignitoso assicurato a tutte le persone come forma superiore di autodeterminazione ed emancipazione della persona piuttosto che come forma di produzione consumistica. Anche in questo caso suonano quasi profetiche quelle parole "giustizia sociale e giustizia economica" che oggi sono prioritarie nell'agenda sociale e politica sia di Papa Francesco sia di moltissimi esponenti del mondo riformista cattolico e politico.

Ma nonostante la sua grande sensibilità per una politica umana ispirata dal Vangelo (Dossetti fu anche profondamente dedito alla lettura e riflessione della Parola), egli non si fece mai confondere dalla pericolosa possibilità di mischiare in maniera integralista e aprioristica la dimensione religiosa con la dimensione politica, cercando di tenerle il più possibile separate per un periodo necessario e fondamentale di analisi e confronto. Questo fu anche un problema non solo con la Democrazia Cristiana (che aspettava un Messia da candidare come leader contro una società sempre più secolarizzata), ma pure con la Chiesa (che ancora sognava di riavere egemonia sul Mondo e in Italia in particolare). Ma non fu certo precursore del pensiero del futuro presidente della C.E.I., Camillo Ruini, che racchiuse tra poche persone nei palazzi romani della Chiesa il rapporto con la politica: Dossetti era incline, piuttosto, a un rapporto dialettico con le parti sociali nel pieno interesse delle persone più deboli e della società in generale a cui come Chiesa tendeva a rivolgersi con un nuovo paradigma, figlio dei tempi in cui agiva. Si trattava infatti di un periodo storico particolare, in cui la Chiesa dopo aver per secoli invaso il campo della politica e dell'ordine europeo, veniva ora superata dall'Illuminismo e dalle ideologie del '900. Questo segnava una profonda distinzione tra la Chiesa – autoproclamatasi per secoli portatrice dell'unica verità possibile – e le libertà del Mondo moderno – cause dell'allontanamento volontario e consapevole dell'uomo da Dio. In questa scissione moderna tra adesione religiosa e libertà di coscienza, per contribuire ad un'idea di Chiesa che sta nel Mondo senza condannarlo, Dossetti attraverso il dialogo e l'umiltà della sua azione sociale e politica, semina enzimi di speranza e cambiamento insieme ad altre figure dell'epoca, come don Lorenzo Milani e padre Ernesto Balducci. In questa ricerca continua di senso per una politica del dialogo e dell'ascolto, si inserisce anche il "Libro bianco su Bologna", scritto a più mani tra cui quelle di Ardigò e Andreatta: una proposta sociale e politica per Bologna, che parta dalla comprensione continua dei fenomeni e dei problemi per realizzare interventi di giustizia sociale ed economica. Sono infatti anche gli anni della *Gaudium et spes*, gli anni in cui grazie al contributo rivoluzionario di cattolici non moderati come loro possiamo oggi affermare senza dubbio che la Storia è il luogo, e il Mondo è il tempo, in cui la Chiesa ascolta e risponde alla chiamata di Dio, che altro non è che la richiesta di vicinanza ai diseredati della Terra.

Tornando al tema dell'impegno diretto dei cattolici in politica, Dossetti elenca 3 necessarie condizioni da assolvere contemporaneamente, affinché l'impegno non sia per sé stessi o per la Chiesa in sé. Il primo è che la persona impegnata sia effettivamente e laicamente distinta dalla gerarchia ecclesiale; il secondo che la persona impegnata abbia una propria capacità di elaborazione di un progetto adeguato alle sfide sociali; infine che abbia una genuina e disinteressata attenzione agli "ultimi" in particolare.

Se pensiamo quindi all'insegnamento che ci ha lasciato Dossetti non è certo quello di un invito al moderatismo, o peggio ad essere "l'ago della bilancia" tra schieramenti estremi opposti, che negli ultimi anni è sempre più stato fatto coincidere con la figura del cattolico: perché il cattolico come ci insegnano ancora oggi figure, ad esempio, come don Luigi Ciotti, don Mattia Ferrari e padre Alex Zanotelli, è per sua stessa vocazione radicale se si ispira sinceramente a Gesù e al Vangelo. Se infatti prendiamo in mano il Vangelo leggiamo chiaramente che esso non deve unire ma dividere proprio perché non è moderato ma radicale, perché Gesù è venuto "a portare la spada e non la pace" (Mt 10,34) a favore delle categorie che nel Vangelo sono quotidianamente difese da Gesù stesso: gli orfani, le vedove, gli stranieri, i reietti e gli emarginati. Gesù stesso infatti nasce straniero in terra straniera e vive da straniero nel suo popolo. Il Vangelo non è una cosa che si insegna, ma che si vive proprio a fianco delle persone che vivono l'esclusione e la marginalità. Il Vangelo si impara dagli altri come ha detto Papa Francesco: "lasciamoci evangelizzare dai poveri".

Ecco allora che ciò che conta non è ciò che professi a parole, ma che vivi e che fai. Dossetti in questo senso è un testimone e un esempio, un radicale del Vangelo ieri e oggi. Il Vangelo stesso ribadisce questo quando dice chiaramente che si verrà giudicati sull'amore (concetto a prima vista catechistico che Papa Francesco nella *Fratelli tutti* ha completamente sdoganato col concetto di "amicizia sociale") e sulla giustizia (la stessa giustizia economica e sociale sopra citata da le *Cronache Sociali*), la "fame e sete di giustizia" di cui Gesù parla nelle beatitudini.

In questo senso, per capire la radicalità a cui deve ispirarsi l'impegno cattolico come proposto da Dossetti, sono sempre care le parole del giovane sacerdote cappellano di Mediterranea, don Mattia Ferrari, rispetto alla parabola del buon samaritano. Questa parabola, infatti, ci propone il superamento di ogni schema dentro cui in molti vogliono semplificare il Mondo – e la memoria di Dossetti – dividendo tra cattolici e non cattolici. Nel superamento dello schema che fa il buon samaritano si cambia la Storia, esattamente come ha fatto Dossetti che dedica la propria vita all'alterità e alla fragilità, alla giustizia e all'amore. Perché la vera distinzione non è tra cattolici e non cattolici, ma tra cattolici di nome – cioè i farisei che non soccorrono la persona che nella parabola viene picchiata dai briganti, che oggi sono rappresentati dal capitalismo, dalla guerra e dalla povertà – e cattolici di fatto come il samaritano (i samaritani nella società di Gesù erano disprezzati, considerati stranieri ed eretici). Il samaritano magari non professa il Vangelo ma sente un "amore viscerale" (traduzione del verbo utilizzato dal Vangelo) per quella persona a terra che soccorre e per la quale costruisce una rete pagando un locandiere perché lo posso accogliere e farlo guarire con cura, amore e pazienza.

Ecco quindi – oltre alla consapevolezza della inutilità della propria umile azione se non viene inserita in una logica di donazione più ampia e collettiva – un altro insegnamento fondamentale che ci ha lasciato Dossetti: saper ripetere nella Storia e nel Mondo la Parola di Dio per trasformare la freddezza dei nostri comportamenti in azioni radicali che cambiano la storia e i rapporti di forza all'interno di una società che produce e diffonde ingiustizie e disuguaglianze.

La Chiesa di Dossetti: dalla parola al campo

"Io vedo con chiarezza che la cosa di cui la Chiesa ha più bisogno oggi è la capacità di curare le ferite e di riscaldare il cuore dei fedeli, la vicinanza, la prossimità. Io vedo la Chiesa come un ospedale da campo dopo una battaglia. È inutile chiedere a un ferito grave se ha il colesterolo e gli zuccheri alti! Si devono curare le sue ferite. Poi potremo parlare di tutto il resto. Curare le ferite, curare le ferite... E bisogna cominciare dal basso". È il cuore dell'intervista che Papa Francesco rilasciò al direttore di *Civiltà Cattolica* nell'agosto 2013.

A questa dichiarazione del Papa è necessario aggiungere anche il riassunto di una parte del libro *Gesù e le donne* di padre Enzo Bianchi (monaco fondatore della Comunità di Bose e intellettuale dei nostri tempi), pubblicato da Einaudi nel 1989. Nell'affrontare la narrazione biblica di Gesù che viene ospitato da due sorelle, Marta e Maria, l'autore sostiene che per troppo tempo abbiamo cristallizzato una improponibile contrapposizione tra le due invece che una necessaria complementarità, seppure sia l'ascolto della Parola l'alimentazione unica e fondamentale del nostro agire. Il Vangelo racconta infatti che, mentre Maria si sedeva ai piedi di Gesù per contemplarlo e ascoltarlo, non curandosi delle faccende di casa, la sorella Marta si distraeva affannandosi ansiosamente (traduzione del verbo evangelico) affinché tutto in casa fosse adeguato per l'accoglienza di Gesù. A un certo punto Marta si rivolge a Gesù lamentandosi della sorella che non fatica insieme a lei, ma Gesù la redarguisce dicendole che Maria ha scelto la parte più bella e non le verrà tolta. A ben guardare, quindi, Gesù non giudica il comportamento operativo di Marta, ma solo le sue lamentele nei confronti di Maria. Eppure, per secoli Marta è stata vissuta come la donna che non intende la Parola, come la donna che fa qualcosa di inutile rispetto ad ascoltare colui che aveva già detto "io sono venuto per servire e non per essere servito".

Se usciamo dagli schemi rigidi di questa interpretazione della vicenda di Marta e Maria, e applichiamo quelli proposti dalla vita di Dossetti e poi dalle parole di Papa Francesco, ecco che la Parola di Dio e la figura di Marta assumono tutta un'altra connotazione. Dall'ascolto e dalla contemplazione di Dio, deve necessariamente scaturire una azione caritatevole e operatrice di pace e giustizia. Lo stesso Dossetti, d'altronde, divenne sacerdote e servitore degli "ultimi" dopo un lungo periodo di contemplazione delle vicende umane (mettendosi anche al servizio della politica) e della Parola a cui si dedicava per diverse ore al giorno meditandola e pregando. Se è vero, per Dossetti, che la Parola è da leggere e meditare quotidianamente, appare altrettanto evidente che essa non può portare altrove se non ad una azione concreta di attenzione e dedizione a tutte le persone in cui è possibile, in ogni momento della Storia e del Mondo, ritrovare Gesù: "Perché io ho avuto fame e mi avete dato da mangiare, ho avuto sete e mi avete dato da bere; ero forestiero e mi avete ospitato, nudo e mi avete vestito, malato e mi avete visitato, carcerato e siete venuti a trovarmi. Allora i giusti gli risponderanno: Signore, quando mai ti abbiamo veduto affamato e ti abbiamo dato da mangiare, assetato e ti abbiamo dato da bere? Quando ti abbiamo visto forestiero e ti abbiamo ospitato, o nudo e ti abbiamo vestito? E quando ti abbiamo visto ammalato o in carcere e siamo venuti a visitarti? Rispondendo, il re dirà loro: In verità vi dico: ogni volta che avete fatto queste cose a uno solo di questi miei fratelli più piccoli, l'avete fatto a me" (Matteo, 25).

Questa visione di una Chiesa che si dona e che non chiede solo di essere contemplata, emerge chiaramente anche da uno scritto di Dossetti citato dal cardinale

Lercaro durante il Concilio Vaticano II: << Se il tema di questo Concilio è la Chiesa, si può e si deve precisare che la formulazione più conforme alla verità eterna del Vangelo, e insieme più adeguata alla situazione storica del nostro tempo, è proprio questa: il tema del Concilio è la Chiesa, in quanto particolarmente chiesa dei poveri, di tutti i milioni e milioni di singoli uomini poveri e collettivamente dei popoli poveri di tutta la Terra>>. Inutile osservare l'eco che queste parole ebbero presso le comunità del Sud America e dell'Africa, in un momento in cui la povertà veniva troppo assunta a condizione di Cristo e troppo poca affrontata come un tema di lotta e impegno per la dignità divina nell'incarnazione umana del Figlio. Il Vangelo di Matteo sopra citato, infatti, è stato da alcuni male interpretato per troppi anni, procurando immobilismo nella Chiesa e nel Terzo Settore che ad essa si ispira. Non basta infatti riconoscere, dalla situazione privilegiata e pigra in cui anche noi oggi ci troviamo, la divinità del povero e dell'emarginato in cui Gesù si incarna in ogni momento della Storia. Gesù, infatti, non dice "avevo fame e mi è stato dato da mangiare", ma dice che noi gli dobbiamo dare da mangiare: esorta ad una azione immediata, perché il Regno dei cieli venga anche sulla Terra e non sia solo la ricompensa divina *post mortem* a tutti gli afflitti dalla vita terrena. Agire per adesione alla Parola contemplata, quindi, e non solo per pura e semplice filantropia o generosità, ma agire qui e ora per dare il proprio contributo da "operatori di pace" a favore di tutti quelli che hanno "fame e sete di giustizia".

Ma, come scritto già più volte fino ad ora, Dossetti non è soltanto l'uomo del "qui e ora": è anche l'uomo della Storia, che sa affrontare la complessità delle sfide di un Mondo che cambia continuamente, cercando risposte che a propria volta cambino continuamente. Ed è per questo che un altro grande insegnamento lasciatoci è quello della costante vigilanza di una Chiesa che sappia arginare la deriva anche politica di una società che naviga a vista. Una chiesa da campo che contemporaneamente stia vicino a chi soffre, ma anche che non tema di esporsi con chiarezza e nettezza di fronte alle nefandezze e alle ingiustizie. Proprio in quest'ottica nel 1994 Dossetti lanciò a Monteveglio i Comitati per la difesa della Costituzione, a maggior ragione per via del suo essere stato costituente. Insomma, Dossetti lascia l'eredità di una Chiesa che cura sì, ma che previene anche vigilando attentamente e profondamente sulle dinamiche umane (sociali o politiche che siano), alimentandosi della Parola e della competenza che nasce solo dall'ascolto e dall'osservazione.

π

Collana Politicamente
Prospettive e valori del pensiero democratico

Direttore: Giuseppe Giliberti

VOLUMI DELLA COLLANA

Davide Ferrari – Giuseppe Giliberti, *Le orme di Dossetti*, 2024

Antonio Mumolo – Giuseppe Baldessarro, *Non esistono cause perse. Gli avvocati e la strada*, 2023

Giacomo Matteotti, *Un anno di dominazione fascista*, introduzione di Massimo Meliconi, 2023

Umberto Vincenti, *Cos'è una repubblica. Tra repubbliche perfette e imperfette*, 2022

Jean-Jacques Rousseau, *Il contratto sociale*, introduzione di Umberto Vincenti, 2022

Leonardi-Lauriola-Martorelli-Semenza, *…e dopo il COVID? Proteggere la salute e l'ambiente per prevenire le pandemie e altri disastri*, 2022

Oscar Wilde, *The Soul of Man*, introduzione di Giuseppe Giliberti, 2022

Oscar Wilde, *Anima e socialismo*, traduzione e introduzione di Giuseppe Giliberti, 2022

George Orwell, *Homage to Catalonia*, introduzione di Giuseppe

Giliberti, 2022
George Orwell, *Omaggio alla Catalogna*, traduzione e introduzione
di Giuseppe Giliberti, 2021

edizioni intra

COLLANE

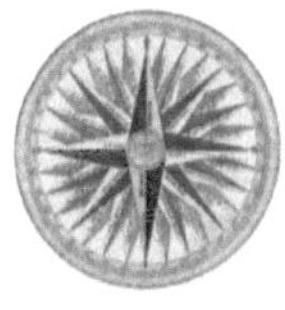

Il Disoriente
Grandi classici della narrativa
Serie Pirandello Novelle per un anno
Serie Giallo e Noir
Serie Fantascienza Fantasy Avventura

I Grandi della Letteratura
Capolavori in formato 6×9 pollici
e testo ad alta leggibilità

Mysteria
Saggi e narrativa del "mistero"

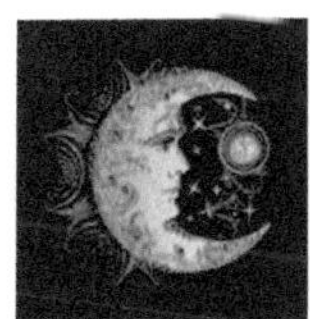

Astra
Saggi e racconti. Oltre la Terra

Saggiamente
Saggi di scienze umane e sociali

Retoricamente
Saggi e manuali
su retorica, linguaggio e comunicazione

Politicamente
Saggi e scritti politici

Brĕvitĕr
Manuali e compendi giuridici

Visio
Arti grafiche e visive

Teatro da leggere
Testi teatrali

Università

Mille Bolle Blu

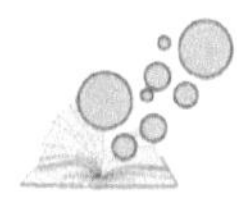

First English Books
I migliori classici della narrativa
per chi impara l'inglese

www.intra.pro